*Der Verlag dankt der Wildbiologischen Gesellschaft München und besonders Christoph Promberger sehr herzlich für die sachkundige Beratung.*

Heike Carl · Die Wölfe kehren zurück

Heike Carl

# Die Wölfe
# kehren zurück

Mit einem Vorwort
von Erik Zimen
Illustriert von Bettina Buresch

Erika Klopp Verlag

Die Deutsche Bibliothek – CIP Einheitsaufnahme
**Carl, Heike:**
Die Wölfe kehren zurück / Heike Carl
1. Aufl. – München : Klopp, 1994
ISBN 3-7817-0309-6

© 1994 Erika Klopp Verlag GmbH, München
Einbandbild: Bettina Buresch
Satz: Filmsatz Schröter, München
Druck und Bindung: Ebner Ulm
Printed in Germany
Auflagenkennzeichnung (letzte Ziffern maßgebend):
Auflage:      6    5    4    3    2    1
Jahr:      1999   98   97   96   95   94

# Inhalt

# Vorwort

Die Geschichte in diesem Buch spielt in dem heute nicht mehr ganz so wilden Westen Amerikas. Wölfe jedenfalls gibt es dort schon lange nicht mehr. Doch auf einmal kehrt ein Rudel aus den Wäldern Kanadas in die Prärie zurück. Das sorgt für viel Aufregung und heftige Debatten. Einmal sagt Gavin, Rancher und Viehzüchter: »Ihr müßt doch zugeben, daß wir hier keine Wölfe brauchen können.« Darauf antwortet sein Gehilfe Joe: »Genausogut kann man sagen, daß die Wölfe uns hier nicht brauchen können.«

Zwei extreme Meinungen. Gavins Familie stammt aus Europa, Joe dagegen ist Indianer. Die Vorfahren von beiden bewohnen nun seit gut hundertfünfzig Jahren dasselbe Land, doch immer noch trennen sie Welten.

Für Joe ist der Wolf ein Bruder, ein Jäger und genauso verfolgt wie seine Stammesangehörigen auch. Deshalb hat er Mitleid mit den Wölfen und will sie retten. Für Gavin und die weißen Rancher aber sind die Wölfe nur Feinde ihrer Schafe und Rinder, ja, angeblich sogar eine Gefahr für Frauen und Kinder. Deshalb wollen sie die Wölfe so schnell wie möglich töten.

Natürlich sind wir gefühlsmäßig auf der Seite von Joe und den Kindern, die die Wölfe retten wollen. Wer glaubt denn noch an das Märchen vom bösen Wolf? Doch wenn wir genau nachdenken, müssen wir erkennen, daß beide Seiten unrecht haben, der reine Naturnutzer wie der bedingungslose Naturschützer.

Für Gavin muß sich die Natur nach den Menschen richten. Was nutzt, ist gut, was sich in den Weg stellt, ist schlecht und wird weggeräumt. Das ist auch bei uns im »alten« Europa eine weit verbreitete Meinung. Ja, im Grunde handeln wir alle noch so, als sei die Natur ein einziges großes Warenlager, das wir ohne Rücksicht nutzen können. Nur vergessen wir dabei, daß auch wir selbst ein Teil der Natur sind. Wenn wir Natur zerstören – ob den Wald, die Gewässer, die Luft oder eben auch den Wolf und andere Tier- und Pflanzenarten –, vernichten wir auch unsere eigene Lebensgrundlage.

Für Joe, den Indianer, muß sich der Mensch hingegen nach der Natur richten. Das hört sich zuerst einmal sehr gut an. Aber überlegt mal! Geht das überhaupt? Wie jedes Lebewesen müssen auch wir uns ernähren. Also müssen wir zumindest den

Überschuß der Natur nutzen. Ja, wir müssen die Natur sogar zu unserem Vorteil verändern, wir müssen Wälder roden, um Getreide anzubauen, müssen Häuser und Straßen bauen und auch Tiere halten, um sie zu melken oder zu schlachten.

Wollten wir darauf verzichten, dürften wir nur vom Jagen und Sammeln leben wie die Indianer früher oder wie unsere Vorfahren in der Steinzeit. Das wäre sicher spannend – aber nur für ein paar Tage im Sommer. Die Erde könnte so auch nur eine Handvoll Menschen ernähren.

Also müssen wir nach einem Ausgleich zwischen Mensch und Natur suchen und einen Weg zwischen diesen beiden Extremen finden. Ob uns das gelingen wird, weiß ich nicht. Die Probleme, die wir durch unseren Raubbau an der Natur schon angehäuft haben, sind wahrlich sehr groß. Doch eines weiß ich: Ein Ausgleich zwischen Mensch und Natur ist in vielen Fällen doch möglich, zum Beispiel auch ein Zusammenleben mit Wölfen.

Viele Menschen glauben, daß Wölfe nur noch in den letzten Wildnisgebieten dieser Erde existieren, irgendwo weit weg in Sibirien, in Alaska oder in Kanada. Dort aber, wo Menschen leben, Haustiere halten oder auf Jagd gehen, sind die Wölfe unerwünscht.

Das ist nachweislich falsch. Bei uns in Europa gibt es die letzten Wölfe ausgerechnet in Gebieten, wo Menschen seit vielen tausend Jahren leben und wirtschaften, zum Beispiel in Spanien und in Italien. Ich habe Wölfe ganz in der Nähe von Rom beobachtet und bin anderen Wölfen gefolgt, die jede Nacht durch ein Dorf in den Abruzzen liefen. Ja, wir haben jetzt sogar mitten in der Toskana, zwischen Florenz und Siena, Wölfe gefangen und mit Radiosendern versehen, damit wir sie besser beobachten können.

Natürlich töten diese Wölfe ab und zu ein Schaf. Doch wenn sie können, halten sie sich an ihre wilden Beutetiere wie Reh, Hirsch oder Wildschwein. Der italienische Staat bezahlt den Schäfern ihren Verlust, und die Jäger haben gelernt, ihre Beute mit den Wölfen zu teilen. Viele Menschen in diesen Gebieten sind sogar stolz darauf, daß bei ihnen noch Wölfe leben, und können nicht verstehen, daß man anderswo so viel Theater macht, wenn wieder Wölfe auftauchen. Freuen sollten wir uns darüber, finden sie, denn der Wolf gehört nicht nur in unsere Natur, sondern auch zu unserer Geschichte, die so viel ärmer wird, wenn wieder mal ein wichtiges Glied verschwindet.

So gilt die alte Vorstellung nicht mehr: entweder

Mensch oder Wolf. Vom Wolf wissen wir, daß er mit uns leben kann. Jetzt liegt es an uns, ob auch wir mit ihm auskommen. Jedenfalls, wenn Wölfe um Rom oder Madrid leben dürfen, dann können sie das auch um Berlin oder München; oder zumindest nahebei in der Schorfheide oder im Bayerischen Wald. Schön wär's.

*Erik Zimen*

# Ankunft im »Wilden Westen«

Jonas erwachte mitten in der Nacht. Im Zimmer war es stockfinster. Verwirrt lauschte er in die ungewohnte Stille. Er tastete nach dem Lichtschalter, aber seine Finger fühlten nur glatte Wand. Schlaftrunken richtete er sich auf. Er hatte keine Ahnung, wo er war. Langsam durchdrangen seine Augen die Dunkelheit. Er erkannte die Umrisse eines Fensters. Dichte Vorhänge waren bis auf einen schmalen Spalt zugezogen, durch den fahles Licht fiel.

Plötzlich wußte Jonas, wo er war. Natürlich! Er war in Amerika, in Montana, mitten im »Wilden Westen«, auf der Ranch seiner Verwandten.

Vor wie vielen Stunden hatte er sich von seinen Eltern verabschiedet? Es kam ihm wie eine Ewigkeit vor. Jonas war zum erstenmal allein verreist. Er hatte vor zwei Wochen eine kleine Schwester bekommen, und deshalb blieben die Eltern im Sommer zu Hause. Als Onkel Gavin Jonas einlud, die Ferien in Montana zu verbringen, war Jonas zuerst begeistert und dann ein bißchen ängstlich gewesen. Schließlich hatte er den Bruder seiner Mutter seit

Jahren nicht gesehen. Tante Helen und den Cousin und die Cousine kannte er nur von Fotos. Chris und Tina waren genauso alt wie er. Mit zwei Jahren war Jonas schon einmal in Montana gewesen, aber daran konnte er sich mit dem besten Willen nicht erinnern.

Auch die Eltern hatten Bedenken gehabt. Konnte man ein elfjähriges Kind allein von Berlin nach Amerika fliegen lassen?

Aber schließlich saßen sie in der Abflughalle, und vor Reisefieber hörte Jonas die letzten Ermahnungen und Grüße an alle kaum noch.

Der Flug hatte ewig gedauert, trotz des spannenden Fernsehprogramms. Jonas mußte zweimal umsteigen. Beide Male wurde er bei der Landung einer freundlichen jungen Frau übergeben, die den Auftrag hatte, ihn heil und sicher im nächsten Flugzeug der Stewardeß zu übergeben. Rotkäppchendienst nannten sie das. Es war Jonas etwas peinlich, daß er wie ein kleines Kind in Empfang genommen und abgeliefert wurde, aber seine Eltern hatten darauf bestanden, daß er als »unbegleitetes Kind« betreut wurde. Jonas mußte zugeben, daß er sich allein auf den fremden Flughäfen niemals zurechtgefunden hätte. Alle waren sehr freundlich zu ihm, aber Jonas hatte trotzdem große Angst gehabt, er könnte irrtümlich im falschen Flugzeug und dann wer weiß wo landen. *Alaska Airlines* hatte in Seattle auf der Maschine gestanden. Du lieber Himmel, dachte Jonas entsetzt, hoffentlich bringen sie mich nicht mitten in die Eiswüste!

Aber seine Befürchtungen waren grundlos. Er wurde pünktlich und korrekt abgeliefert wie ein Postpaket. Beim Flug von Seattle nach Spokane hatte er sogar eine Zeitlang im Cockpit gesessen, direkt neben dem Piloten, und sich gewundert, wie der mit diesen unzähligen Hebeln und Knöpfen und blinkenden Anzeigern zurechtkam.

Irgendwann hatte er sich kaum noch wachhalten können. Als die Stewardeß ihn in Spokane seinem Onkel Gavin übergab, murmelte Jonas nur erschöpft »Hallo« und trottete ergeben hinter ihm her. Von der mehrstündigen Autofahrt bekam er nichts mehr mit. Undeutlich erinnerte er sich an die stürmische Begrüßung. Dann hatte ihn Tante Helen in das Zimmer gebracht, in dem er jetzt mit offenen Augen lag und grübelte.

Jonas stand auf und schob den Vorhang zur Seite. Es dämmerte bereits, er erkannte einige Bäume vor seinem Fenster, die in der Luft zu schweben schienen. Dichte Nebelschwaden trieben über den Erdboden und verdeckten die Stämme, so daß die dunklen Äste sich drohend aus dem Nichts streckten. Jonas warf einen Blick auf die Uhr. Sie zeigte halb zwei. Wieso halb zwei? Er schüttelte verwirrt den Kopf. Der Dämmerung nach zu urteilen mußte es bereits früher Morgen sein, auch wenn das wegen des Nebels schwer zu bestimmen war. Vielleicht war die Batterie kaputt.

Jedenfalls fühlte er sich wach und ausgeschlafen und hatte keine Lust, sich wieder hinzulegen und weiterzuschlafen. Außerdem mußte er dringend auf die Toilette. Als er ankam, war er so benommen gewesen, daß er keine Ahnung mehr hatte, welche der vielen Türen in dem großen Haus wohin führten. In seiner Verzweiflung öffnete er die Tür zum Nebenzimmer. Dort schlief sein Cousin Chris, soviel hatte er behalten.

Ein drohendes Knurren ertönte, etwas sprang an ihm hoch und stieß mit feuchter Schnauze an seine Hand. Jonas schrie entsetzt auf und wich zurück. Eine helle Stimme rief etwas, das er nicht verstand, und dann ging das Licht an. Geblendet von der plötzlichen Helligkeit, hielt Jonas eine Hand vor die Augen, während er mit der andern versuchte, den Hund abzuwehren.

Verzweifelt platzte er mit der Frage heraus: »Wo ist das Badezimmer? Ich muß mal!«

Chris antwortete nicht gleich, und Jonas fiel ein, daß er ja Englisch sprechen mußte. Er wiederholte seine Frage, und diesmal kam Leben in Chris. Jedenfalls grinste er, stieg aus dem Bett und zog Jonas an der Hand hinter sich her, den Hund dicht auf den Fersen.

Keine Sekunde zu früh schob er Jonas in einen Raum und schaltete das Licht ein, bevor er die Tür wieder schloß. Jonas wäre es auch egal gewesen, wenn er sie offengelassen hätte. Auf solche Feinheiten kam es in Zeiten der Not wirklich nicht an.

Eine feuchte Hundeschnauze beschnüffelte ihn neugierig, als er erleichtert wieder auf den Gang trat.

»Das ist Spotty«, sagte Chris, der vor der Tür gewartet hatte. »Ist ein lieber Kerl. Und schlau. Das wirst du noch merken. Aber eigentlich soll er nicht in meinem Zimmer schlafen. Also verrat mich nicht, okay?« Er musterte Jonas unternehmungslustig. »Bist du noch müde, oder willst du mit in mein Zimmer kommen? Zum Frühstück ist es noch zu früh.«

»Wie spät ist es denn überhaupt? Ich glaube, meine Uhr geht falsch.« Jonas warf einen Blick auf seine Armbanduhr.

»Es ist kurz vor sechs«, erwiderte Chris. »Du hast wahrscheinlich vergessen, deine Uhr umzustellen. Die Zeitverschiebung, verstehst du? Wenn es bei uns sechs Uhr ist, ist es bei euch in Deutschland schon acht Stunden später.«

»Dann wäre es jetzt eigentlich schon mittags?« Jonas schüttelte den Kopf. Er erinnerte sich dunkel, daß die unterschiedliche Uhrzeit etwas mit den Längengraden zu tun hatte. »Kein Wunder, daß ich durcheinander bin«, fügte er hinzu.

Neugierig folgte er Chris in dessen Zimmer, das er vorhin in der Eile kaum wahrgenommen hatte.

Ein großer, mit Schnitzereien und farbigen Bändern verzierter Indianerbogen fesselte seinen Blick. Daneben hing ein lederner Köcher, in dem eine Handvoll gefiederte Pfeile steckten. Jonas nahm einen Pfeil heraus und prüfte die Spitze. Sie war aus hartem Stahl. »Gehst du damit auf die Jagd?« fragte er.

Chris lächelte. Zum Jagen, meinte er lässig, benutze er natürlich ein Gewehr. Der Bogen da sei doch mehr ein Spielzeug. Obwohl er eine erstaunliche Treffsicherheit habe.

»Läßt du mich mal damit schießen?« fragte Jonas und spannte probehalber den Bogen. Das war eine ganz andere Waffe als der alberne Spielzeugbogen aus Plastik, den er mal geschenkt bekommen hatte. In seiner Phantasie sah er sich auf einem gescheckten Indianerpony über die Prärie galoppieren, ohne Sattel natürlich, den Kopf dicht neben dem Pferdehals, Pfeil und Bogen schußbereit.

Chris' helle, ein wenig rauhe Stimme riß ihn aus seinen Wunschträumen. »Klar kannst du mal damit schießen«, sagte er großzügig. »Wir haben eine Zielscheibe auf der Weide, groß wie ein Wagenrad. Die trifft selbst ein Blinder. Wir müssen nur aufpassen, daß keine Schafe auf der Weide sind, falls du trotzdem danebenschießt.«

Jonas schwieg gekränkt.

»Mit den Schafen versteht mein Vater keinen Spaß«, fügte Chris hinzu. »Er regt sich schrecklich auf, wenn mal eins fehlt. Vorigen Sommer sind wir zwei Tage unterwegs in den Bergen gewesen, um ein vermißtes Mutterschaf zu suchen.«

»Schafe«, Jonas rümpfte die Nase. »Habt ihr etwa Schafe auf der Ranch? Keine Bisons oder so? Hier, mitten im Wilden Westen?«

»Aus welchem Jahrhundert stammst du denn?« spottete Chris. »Die Zeiten sind vorbei. Wild ist es hier nicht mehr. Im Nationalpark gibt es noch Bären und andere wilde Tiere. Hier nicht.«

Jonas versuchte, seine Enttäuschung zu verbergen. Nach Indianern wagte er gar nicht mehr zu fragen. Ob es wenigstens Wölfe gab in diesem

Nationalpark? Für diese Tiere interessierte er sich seit neuestem brennend.

Vor einem Jahr war er mit seinen Eltern aus dem Rheinland nach Brandenburg gezogen, wo sein Vater für einige Zeit in der Forstverwaltung arbeitete. Sie wohnten in Eberswalde, einer Kleinstadt nördlich von Berlin, umgeben von großen Wäldern und vielen Seen. Jonas' Vater war zuständig für die Betreuung eines großen Naturschutzgebietes, der Schorfheide, in dem es noch viel Wild gab: Rehe, Hirsche, Wildschweine und auch seltenere Tiere wie Biber, Fischotter, Kraniche und sogar Seeadler. Ein Paradies für Jäger. Nicht etwa, daß die einfach kommen und jagen konnten, nein, das war alles genauestens geregelt: Wer wann, wo, wie oft welche Tiere jagen und schießen durfte oder eben nicht durfte, das mußte alles kontrolliert und überwacht werden.

Eine Woche vor dem Start nach Amerika war Jonas' Vater ganz aufgeregt nach Hause gekommen. Es gab immer mal Ärger, wenn ein Jäger einen Hund abknallte, den er angeblich beim Wildern ertappt hatte, während Herrchen oder Frauchen schworen, das Tier sei lammfromm und praktisch immer bei Fuß gegangen. Aber diesmal war es etwas anderes, das hatte Jonas sofort gemerkt. Atemlos hörte er zu, wie sein Vater erzählte. Das Tier, das da ein empörter Jäger geschossen hatte, war zweifelsfrei kein Hund gewesen, sondern ein Wolf. Ein echter Wolf, wie ein eigens herbeigeholter Experte bestätigte. Dabei gab es in Deutschland seit über 150 Jahren keine Wölfe mehr. Wo ein Wolf war, da konnte man mit gutem Grund noch mehrere vermuten.

Jonas' Vater schwankte zwischen Begeisterung und Bedenken. Wenn das in der Öffentlichkeit bekannt wurde, mußte man mit heftigen Reaktionen rechnen. Vor allem die Jäger waren äußerst ungehalten, wenn sie einen Konkurrenten witterten, der womöglich Wild zur Strecke brachte und sogar fraß, das sie doch selber zu schießen – und zu essen – gedachten. Und die Landwirte wären auch nicht begeistert, sondern in Sorge um ihre Kühe und Schafe. Obwohl seit Generationen kein Mensch mehr einen Wolf in freier Wildbahn zu Gesicht bekommen hatte, löste er immer noch Angst und Schrecken aus. Es würde schwer sein, die Leute davon zu überzeugen, daß die Wölfe ein Lebensrecht und eine Lebensmöglichkeit in ihrem Land hatten.

Jonas brannte darauf zu erfahren, wie die Sache weiterging.

### Lebensraum

*Wölfe sind sehr anpassungsfähig, was Klima, Bodenbeschaffenheit und Pflanzenwuchs betrifft. Sie können genausogut in der baumlosen Tundra, in der Steppe oder im Mischwald leben wie in sumpfigen Gebieten oder im Hochgebirge. Nur in reinen Wüstengebieten und im tropischen Regenwald sind sie nicht zu finden. Wenn sie sich in einen Schlupfwinkel zurückziehen können, leben sie auch in Gebieten, die von Menschen besiedelt sind.*

*Die Größe eines Reviers, also des Gebietes, in dem sich ein Wolfsrudel aufhält und das es gegen andere Wölfe verteidigt, ist unterschiedlich. In wildreichen Gebieten ist es oft nur 100 km² groß, in der Tundra kann es 2000 km² und mehr umfassen.*

*Die Einengung ihrer Lebensräume durch den Menschen (Bau von Straßen, Siedlungen, touristischen Einrichtungen) trägt weiter zur Ausrottung der Wölfe bei. Besonders in Mitteleuropa gibt es nur noch wenige große, zusammenhängende Waldgebiete. Deshalb kann nur ein europäisches, grenzüberschreitendes Konzept die Wölfe in dieser Region wirksam schützen.*

Draußen war es inzwischen hell geworden. Der Nebel löste sich langsam auf. Jonas trat ans Fenster und sah hinaus. Die Ranch lag inmitten von Weiden und Wiesen, die von steil ansteigenden Bergwänden begrenzt wurden. In der Ferne konnte man die schneebedeckten Gipfel felsiger Berge erkennen. Eigentlich sah es hier ganz ähnlich aus wie in Bayern, wo er einmal in den Ferien gewesen war.

»Ich habe einen Hunger wie ein Wolf«, unterbrach Chris seine Gedanken. »Komm, wir gehen runter in die Küche. Mom ist sicher inzwischen auf. Vielleicht gibt es Pfannkuchen zur Begrüßung. Mit Ahornsirup.«

»Wo du gerade von Wölfen sprichst«, fragte Jonas gespannt, »gibt es hier in der Gegend noch welche? Ich meine, Wölfe, die richtig frei herumlaufen?«

Chris lachte. »Da würde mein Vater bestimmt nicht lange zusehen. Nee, hier gibt es keine Wölfe mehr, schon seit ewigen Zeiten nicht. Oben in Kanada, da leben welche. Aber hier? Bloß nicht!«

»Du solltest mal zu uns kommen«, meinte Jonas stolz. »Da kannst du welche sehen.« Er erzählte von dem aufregenden Fund in den Wäldern Brandenburgs.

Chris sah ihn zweifelnd von der Seite an, sagte

aber nichts. Dieser Cousin aus Deutschland schien ein ziemlicher Aufschneider zu sein. Wölfe in Deutschland! Der wollte ihn wohl verschaukeln.

Die Pfannkuchen mit Ahornsirup waren die besten, die Jonas jemals gegessen hatte. Trotzdem schaffte er beim besten Willen nicht mehr als sechs. Tante Helen versprach, ihm ein paar als Wegzehrung einzupacken, denn er wolle doch sicher erst mal auf Entdeckungsreise gehen nach dem Frühstück.

Chris hatte es plötzlich eilig, aus der Küche zu kommen. Er war kaum aus der Tür, da kam er schon wieder zurück und murmelte: »Morgen. Was gibt's zu essen?«

Verdutzt sah Jonas ihn an. »Willst du noch mal frühstücken?«

Chris beugte sich stumm über den Teller und begann zu essen – den siebten Pfannkuchen. Jonas hatte mitgezählt!

Tante Helen lachte. »Die haben dich reingelegt, die beiden. Das versuchen sie immer wieder. Wenn sie sich gleich anziehen, kann man sie auf den ersten Blick wirklich verwechseln. Wenn du sie näher kennst, wirst du sie leicht auseinanderhalten können.«

Jonas schlug sich vor die Stirn. Klar, das war

Tina, Chris' Zwillingsschwester. Die beiden waren gleich groß, hatten die gleichen dunklen Haare, und Tina trug genau wie ihr Bruder Jeans und ein blaues Hemd.

Tina grinste ihn an. Ihre Augen waren grün, während die ihres Bruders tiefblau waren. Wie hatte er sie nur für Chris halten können!

»Kannst du reiten?« fragte Tina. »Du kannst Flash nehmen. Dann zeigen wir dir die Gegend und die Ranch. Hast du Lust?«

Jonas zögerte. Mit seinen Reitkünsten war es nicht weit her. Er hatte zwar schon einige Male auf einem Pferd gesessen, aber das waren lammfromme Tiere gewesen, an unerfahrene Reiter gewöhnt. Flash? Hieß das nicht Blitz? Wahrscheinlich ein halbwilder Mustang, gerade eingefangen und noch nicht gezähmt. Aber er wollte sich nicht gleich eine Blöße geben. Tina schien es als selbstverständlich vorauszusetzen, daß er perfekt im Sattel war. Falls sie überhaupt einen Sattel hatten, fiel ihm mit Schrecken ein.

Reiten, na sicher, erklärte er in beiläufigem Ton, das sei kein Problem.

»Na los, ab auf die Weide«, drängte Tina und schnappte sich schnell noch einen Pfannkuchen. »Worauf warten wir noch?«

# Ärger um einen kaputten Zaun

Es zeigte sich, daß die Pferde erst eingefangen werden mußten. Nicht mit dem Lasso allerdings, wie Jonas halb befürchtet, halb gehofft hatte. Chris und Tina nahmen sich Reithalfter vom Haken, und Jonas machte es ihnen nach. Dann ging jeder auf sein Pferd zu, um ihm das Zaumzeug über den Kopf zu streifen. Tinas Pferd war ein Rappe mit weißen Fesseln namens Shadow, Chris ritt eine braune Stute, die auf den Namen Chestnut hörte. Flash war ein Apfelschimmel, der friedlich graste und aussah, als könne er kein Wässerchen trüben.

Jonas beobachtete die Zwillinge. Es sah wirklich kinderleicht aus. Sie gingen einfach zu dem Pferd hin, streichelten ihm die Nüstern und den Hals und schoben das Halfter über den Kopf. Willig folgten Shadow und Chestnut dem Zügel.

Forschen Schrittes ging Jonas auf Flash zu. Aber seltsam, bevor er auch nur eine Hand heben konnte, um ihm die Flanke zu klopfen, machte Flash eine unerwartete Wende und graste ungerührt weiter, nur eine Armlänge entfernt. Jonas versuchte es mehrmals, aber vergeblich. Jedesmal wich das Pferd im letzten Moment elegant aus, trabte ein paar Schritte zur Seite und ließ ihn stehen.

»Du mußt von vorn auf ihn zugehen«, riet Tina. »Er kennt dich noch nicht, da erschreckt er sich leicht.«

Jonas versuchte es erneut. Flash spitzte die Ohren, ließ ihn auf Haaresbreite herankommen, hob leicht den Kopf und tänzelte davon. Die Sache schien ihm Spaß zu machen. Jonas schwitzte. Nie würde er es schaffen, dieses verdammte Pferd einzufangen. Er betrachtete das Halfter in seiner Hand. Wie sollte er das überstreifen? Was gehörte nach oben, was nach unten? Unschlüssig drehte er die Lederriemen in seiner Hand, während er wieder auf Flash zuging. Der Schimmel beäugte ihn erwartungsvoll und blieb brav stehen. Jonas klopfte ihm den Hals, streichelte die Mähne und hob langsam das Halfter an. Aber je höher er die Arme hob, desto mehr streckte sich der Pferdehals. Flash zog die samtweichen Lippen zurück und bleckte die großen Zähne. Es sah aus, als lachte er.

Chris, seine Stute am Zügel, kam näher. »Was machst du denn bloß?« fragte er unwillig. »Sollen wir den ganzen Morgen auf der Weide zubringen?« Er nahm Jonas das Halfter aus der Hand. »Völlig verheddert«, tadelte er. Neiderfüllt sah Jonas zu,

wie Chris die Riemen in Ordnung brachte, mit leichter Hand das Halfter über den anscheinend willig gebeugten Pferdekopf streifte und den Kinnriemen festschnallte.

»So«, sagte Chris und drückte Jonas die Zügel in die Hand. »Jetzt komm aber endlich.« Mit einem Sprung saß er auf dem Rücken seiner Stute und galoppierte über die Wiese, Tina mit Shadow hinterher.

Wie hatte Chris das nur wieder gemacht? Jonas hatte keine Ahnung, wie er ohne Sattel zum Festhalten und vor allem ohne Steigbügel auf das Pferd kommen sollte. Zudem schien ihm Flash ein ungewöhnlich großes Pferd zu sein. Er versuchte, sich an der Mähne festzuklammern und eine Art Klimmzug zu machen, aber das gefiel dem Pferd anscheinend nicht. Es schüttelte heftig den Kopf und riß Jonas um ein Haar die Zügel aus der Hand. Bloß jetzt nicht die Zügel verlieren, dachte Jonas erschrocken, dann geht die Jagd von vorn los.

Plötzlich hatte er eine Idee. Seine Miene hellte sich auf, als er einen Baumstumpf in der Nähe entdeckte. Er führte das Pferd neben den Stumpf, stieg hinauf und gelangte von da mühelos auf Flashs Rücken. Der Apfelschimmel wieherte und setzte sich ohne weitere Aufforderung in Bewegung. Es war nicht leicht, auf dem glatten Pferderücken das Gleichgewicht zu halten, vor allem, als Flash in einen leichten Trab fiel. Jonas rutschte ständig hin und her und klammerte sich am Zügel fest.

»Du mußt die Zügel lockerer lassen«, sagte Tina, die auf Jonas gewartet hatte. »Du tust Flash weh, wenn du so heftig daran zerrst. Pferde sind sehr empfindlich am Maul.«

Jonas war klar, daß er einen längeren Ritt ohne Sattel nicht durchhalten würde. »Ich bin noch nie ohne Sattel geritten«, gestand er. »Kann ich einen haben?«

Tina nickte. »Klar. Wir satteln die Pferde immer, wenn wir einen längeren Ausritt planen.«

Nachdem die Pferde gesattelt waren – Tina hatte Jonas dabei geholfen –, begann ihm das Reiten schon nach kurzer Zeit Spaß zu machen. Seine Haltung wurde zunehmend weniger verkrampft, und er lernte rasch, sich den Bewegungen seines Schimmels anzupassen, der ganz von selbst den anderen Pferden folgte.

Die drei Kinder ritten einen Bach entlang, der am Fuß des Tals zwischen den Weiden dahinplätscherte. »Unsere Ranch ist nicht allzu groß«, erklärte Chris, der neben Jonas ritt. Tina war mit Shadow einige Meter voraus. »Wir reiten einmal um unser Gebiet herum, damit du siehst, was alles uns gehört. Das hier sind die Viehweiden. Wir haben ungefähr zweihundert Mutterkühe. Und die Schafe. Aber die sind im Sommer weiter oben auf den Sommerweiden.«

Jonas folgte mit den Augen Chris' ausgestrecktem Zeigefinger und sah am Berghang hier und dort helle Flecken, die sich langsam fortbewegten.

»Laufen die da oben ganz allein herum?« fragte er. »Oder ist ein Schäfer dabei?«

Chris schüttelte den Kopf. »So viel wirft die Ranch nicht ab, daß wir davon einen Schäfer bezahlen könnten. Die Weide ist eingezäunt, damit die Schafe nicht weglaufen und sich in den Bergen verirren können. Joe geht ein- oder zweimal am Tag hin, um nachzusehen, ob alles in Ordnung ist.«

»Wer ist Joe?« fragte Jonas.

Tina drehte sich im Sattel um und antwortete: »Joe ist ein Indianer. Du wirst ihn noch kennenlernen. Er arbeitet für meinen Vater und gelegentlich auch für andere Rancher hier im Tal. Joe ist ziemlich geschickt, vor allem mit Tieren. Dad sagt immer, an dem ist ein Tierarzt verlorengegangen. Aber da hat Joe natürlich keine Chance.«

Ein echter Indianer? Jonas war ganz aufgeregt. »Warum hat er keine Chance, Tierarzt zu werden?« fragte er.

Tina zügelte ihr Pferd. Sie sah ernst vor sich hin, als sie sagte: »Joe ist ein Flathead. Die meisten seines Stammes leben in der Reservation. Da ist es verdammt schwer, eine gute Schule zu besuchen. Die meisten Indianer sind froh, wenn sie überhaupt irgendeine Arbeit finden. Viele sind arbeitslos.«

Jonas schwieg. Das mußte er erst einmal verdauen. Arbeitslose Indianer, das konnte er sich nicht vorstellen. Bevor die Weißen kamen, waren sie ja auch nicht arbeitslos gewesen. Aber da hatten sie Büffel gejagt und davon gelebt. Und Büffel gab es jetzt nicht mehr, nur noch zahme Kühe, die auf der Weide standen und jemandem gehörten.

Nachdenklich betrachtete er die braunweiß ge-
fleckten Rinder, die gemächlich im Gras lagen und
wiederkäuten. Sich vorzustellen, daß eine Horde
Rothäute mit Pfeil und Bogen auf sie Jagd
machte... Jonas mußte unwillkürlich kichern.

»Was gibt es da zu lachen?« fragte Tina verständnislos. »Für die Flatheads ist das nicht komisch, das
kann ich dir sagen.«

»Darüber habe ich nicht gelacht«, entschuldigte
sich Jonas verlegen. »Mir ist nur gerade was einge-
fallen. Sind das eure Kühe?« lenkte er ab.

Tina nickte. »Siehst du die kleine Brücke da
vorn? Bis dahin reicht unser Land, bis dahin, wo
der Zaun ist. Das Land dahinter gehört unserem

Nachbarn Arnie Smith. Da biegen wir ab und reiten am Zaun entlang. Arnie mag es nicht, wenn sich jemand auf seinem Grund und Boden herumtreibt.«

Eine Weile ritten sie schweigend hintereinander her. Chris schlug ein Wettrennen vor. Chestnut sei gewiß nicht zu schlagen, prahlte er. Gegen Shadow hätte die lahme Stute keine Chance, rief Tina kampfbereit, und schon stoben die beiden davon.

Jonas hatte keine Zeit, sich zu entscheiden, ob er an dem Rennen teilnehmen sollte, denn Flashs Absicht war nur allzu klar: Er wollte bei dem Wettrennen Sieger sein. Im vollen Galopp stürzte er über die Weide, die sich am Hang entlangzog und langsam anstieg. Jonas hatte genug damit zu tun, im Sattel zu bleiben. Ihm blieb keine Zeit, um auf die Umgebung zu achten. Plötzlich stoppte Flash, um einer Wurzel auszuweichen. In hohem Bogen flog Jonas durch die Luft auf den Weidezaun zu. Zum Glück landete er kurz davor im Gras, etwas benommen, aber unverletzt, wie er erleichtert feststellte.

Er richtete sich auf und biß die Zähne zusammen. Rücken und Knie schmerzten, und auf den Beinen war er ziemlich wacklig. Er starrte auf den Stacheldraht neben seinem rechten Bein. Wenn er da hingefallen wäre, na, da hätte er jetzt schön ausgesehen. Er bemerkte, daß einige Zaunpfähle ganz schief standen und der Zaun an dieser Stelle durchhing. Aber das konnte mit seinem Sturz nichts zu tun haben.

Suchend blickte er sich nach Flash um. Der Schimmel ließ Jonas ohne Ausweichmanöver aufsteigen.

Als Jonas es geschafft hatte, wieder in den Sattel zu kommen, trabte Chris auf ihn zu. »Ich wollte nur sehen, wo du bleibst«, rief er. »Tina hat sich schon Sorgen gemacht.«

»Nichts passiert«, beruhigte ihn Jonas und versuchte zu lächeln. »Wer hat denn gewonnen, Tina oder du?«

Chris zuckte mit den Schultern. »Unentschieden«, behauptete er. »Komm weiter, da vorn sind die Schafe. Viele Lämmer dabei dieses Jahr. Du wirst sehen.«

Er wendete sein Pferd und trabte davon, Jonas hinterdrein. Eigentlich hatte er Chris zeigen wollen, daß der Zaun kaputt war. Aber das würde sicher bald jemand in Ordnung bringen, dachte er. Chris hatte ja erzählt, daß dieser Joe regelmäßig die Tiere und die Weiden kontrollierte. Eine halbe Stunde später hatte er den beschädigten Zaun vergessen.

Der Nachbar Arnie Smith hatte am Morgen bereits festgestellt, daß der Zaun beschädigt war, und zwar, wie er fand, eindeutig nicht auf seiner Seite. Arnie, ein hagerer, dunkler Mann mit strengem Gesicht, pflegte nichts auf die lange Bank zu schieben. So erschien er am Abend auf der Ranch der Kramers, um die sofortige Ausbesserung des Zauns zu verlangen.

Gavin und Helen saßen am Tisch in der Küche, als Arnie hereinkam.

»Einen schönen guten Abend«, sagte er. »Tut mir leid, daß ich störe, Gavin, aber ich mußte feststellen, daß wieder einmal der Weidezaun kaputt ist.«

Gavin, von Natur zurückhaltend, ruhig und bedächtig, begrüßte den Nachbarn und bot ihm einen Kaffee an.

Arnie setzte sich und fuhr fort, niemand könne von ihm verlangen, ständig die Zäune um sein Land auszubessern, nur um am nächsten Tag festzustellen, daß sie wieder jemand niedergetrampelt und die Pfähle ausgerissen hätte.

Etwas gereizt wandte Gavin ein, daß Joe regelmäßig die Weiden und Zäune kontrolliere und erst letzte Woche einen größeren Schaden behoben habe.

Arnie verzog den Mund. »Hör mir bloß auf mit

deinem Joe. Dieser Indianer mit seinen Wolfsaugen hat doch nichts anderes im Sinn, als Vieh zu stehlen, um seine Familie in der Reservation zu füttern. Liegen den ganzen Tag auf der faulen Haut und lassen sich vollaufen. Wenn es nach mir ginge, dürften diese Roten gar nicht raus aus der Reservation, so wie früher.«

»Es geht aber Gott sei Dank nicht nach dir.« Helen konnte nicht länger an sich halten. »Joe arbeitet seit mehr als einem Jahr sehr zuverlässig für uns. Und daß seine Leute in der Reservation keine Arbeit haben, ist ja wohl nicht ihre Schuld.«

Niemand bemerkte, daß sich die Tür einen Spaltbreit geöffnet hatte. Ein schlanker, schwarzhaariger junger Mann, fast noch ein Junge, stand reglos im Türrahmen.

Arnie machte eine wegwerfende Handbewegung. »Wenn ihr diesen Indianer hier herumlaufen laßt, bitte, das ist eure Sache. Aber wehe, er läßt sich bei mir blicken. Bringt den Zaun in Ordnung, und zwar schnell.«

Er stand auf und bemerkte den unbeweglich dastehenden Jungen, der ihn mit seinen dunklen Augen unverwandt ansah. Unwillkürlich zuckte Arnie zurück. Gleich darauf hatte er sich wieder gefaßt und machte einen Schritt auf die Tür zu.

»Hast du alles gehört, ja? Ist wohl deine Spezialität, überall herumzuschleichen und zu horchen. Und jetzt laß mich durch!«

Joe verzog keine Miene und rührte sich nicht vom Fleck. Um hinauszukommen, mußte Arnie dicht an ihm vorbei. Zögernd blieb er stehen und warf Gavin und Helen einen Blick zu.

»Guten Abend, Joe«, sagte Helen, ohne Arnie zu beachten. »Komm rein und iß mit uns.«

Joe trat schweigend in die Küche, und Arnie ging eilig hinaus.

»Kinder, kommt essen!« rief Helen in den Flur, und kurz darauf kamen die drei in die Küche.

»Ist etwas los gewesen?« fragte Tina, die ein feines Gespür für Stimmungen hatte. Sie blickte von Joe zu ihren Eltern.

Gavin verzog das Gesicht. »Nichts Besonderes. Nur Arnie mit seinen ständigen Beschwerden, du kennst ihn ja. Er hat wieder mal auf Joe rumgehackt. Tut mir leid, Joe, wirklich. Am besten vergißt du, was Arnie gesagt hat. Übrigens, das ist mein Neffe Jonas. Er kommt aus Deutschland und bleibt die Ferien über hier.«

Jonas murmelte: »Hallo!«

Joe verzog immer noch keine Miene. Er nickte Jonas nur kurz zu und sagte ebenfalls »Hallo!«

Schweigend begannen alle zu essen.

Nach einer Weile sagte Joe: »Ich habe versprochen, morgen bei Sam Griffith zu helfen. Ein paar Schafe sind aus seiner Herde ausgebrochen.«

»Dann machst du das auch«, entschied Helen. »Der Zaun muß eben warten. Wir schauen uns den Schaden mal an. So schlimm, wie Arnie behauptet, ist es bestimmt nicht.«

»Da sind nur ein paar Pfähle schief«, bestätigte Jonas. »Ich hab's beim Vorbeireiten gesehen.« Den Sturz verschwieg er lieber.

Joe stand auf. »Okay, dann gehe ich jetzt.« Er setzte einen schwarzen Hut mit breiter Krempe auf und ging hinaus zu seinem Jeep.

Jonas sah ihm nach. »Schade, daß er schon geht«, meinte er. »Ich habe nämlich noch nie einen richtigen Indianer gesehen. Er sieht eigentlich nicht so aus, wie ich mir Indianer vorgestellt habe.« Er war ein bißchen enttäuscht. Joe unterschied sich in nichts von anderen Jungen seines Alters, nur, daß er etwas dunkler war und langes, tiefschwarzes Haar hatte. Er mochte etwa 18 sein und trug die üblichen Jeans und ein verwaschenes T-Shirt.

»Nun erzähl mal ein bißchen von zu Hause«, unterbrach Helen seine Gedanken. »Wie geht es deiner Mutter und dem Baby?«

Jonas erzählte und beantwortete viele Fragen nach dem neuen Zuhause, der Schule, den Freunden, der Arbeit des Vaters. Vom Baby Luise konnte er allerdings nicht viel berichten. Sie war ja noch so winzig.

»Schade, daß Tante Caroline und Onkel Peter nicht mitkommen konnten«, sagte Tina. »Ich hätte auch so gern meine neue Cousine kennengelernt. Wird sie auch Deutsch und Englisch zugleich lernen, so wie du?«

Jonas nickte. »Mama spricht zu Hause fast immer englisch mit mir, damit ich es nicht verlerne.«

»Toll«, sagte Tina. »Ich kann nur Englisch. Und Tiersprachen. Ich kann muhen wie eine Kuh, blöken wie ein Schaf und heulen wie ein Wolf. Hör mal.« Sie schloß die Augen und stimmte ein herzzerreißendes Heulen an, das Jonas durch und durch ging.

Spotty, der friedlich unter dem Tisch gedöst hatte, fuhr hoch und fing an zu jaulen.

»Hör auf, man kriegt ja eine Gänsehaut«, rief Helen und hielt sich die Ohren zu.

Und Gavin sagte lachend: »Glücklicherweise ist Tina die einzige Wölfin weit und breit. Sonst müßten wir noch heute abend unseren Weidezaun reparieren.«

44

# Ein Heulen im Nebel

Joe war noch vor Sonnenaufgang aufgebrochen, um einige versprengte Schafe aus der Herde von Sam Griffith zu suchen. Er fröstelte. Die Nächte waren auch im Sommer kalt hier im Norden, in den Bergen dicht an der kanadischen Grenze.

Joe kletterte einen Berghang hinauf und suchte mit dem Fernglas die Gegend ab. Vor ihm lag ein großes Geröllfeld aus unzähligen Steinen in der Morgendämmerung. Er trat aus dem Nadelwald am Rand des Feldes, lehnte sich gegen einen Baum und holte die Thermoskanne aus dem Rucksack.

Plötzlich hörte er ein durchdringendes Pfeifen und sah auf. Das Geräusch schien zwischen den Steinen herzukommen, aber er konnte nichts sehen. Schon wieder dieser Pfiff, diesmal zu seiner Linken. Joe suchte sorgfältig das Geröll ab. Da! Da hatte sich etwas bewegt. Er stellte das Glas schärfer ein. Ein kleines Tier, etwas kleiner als ein Kaninchen, stand zwischen den Steinen und pfiff. Ein Pfeifhase, auch Pika genannt. Joe blieb unbeweglich sitzen, um das Tier nicht auf sich aufmerksam zu machen und zu verscheuchen. Am oberen Rand der Geröll-

halde, den mitgeschleppten Überresten eines ur-
zeitlichen Gletschers, waren einige weiße Flecken
zu erkennen. Ein Blick durch das Fernglas zeigte
Joe, daß es Bergziegen waren. Er lehnte sich an den
Stamm eines Baumes und beobachtete die Tiere.
Die Pikas waren noch da und ließen hin und wieder
ihre Pfiffe hören.

Am Rand des Geröllfeldes, halb noch unter den
Bäumen und ein ganzes Stück von ihm entfernt,
bemerkte er eine plötzliche Bewegung und sah
genauer hin. Ein großes, grauschwarzes Tier belau-
erte ein Pika, das nur wenige Meter entfernt war.
Das Pika erstarrte mitten in der Bewegung, als ein

grauer Schatten unter den Bäumen hervorschoß. Ein schriller Pfiff, und das kleine Tier war verschwunden. Mit angehaltenem Atem verfolgte Joe mit dem Fernglas, wie der Angreifer, die Nase am Boden, zwischen den Steinen schnüffelte und kratzte, bis er es schließlich aufgab und im Schutz des Waldes verschwand.

Was war das für ein Tier gewesen? Ein wildernder Hund? Joe schüttelte den Kopf. Das Tier hatte nicht ausgesehen wie ein Hund. Es sah aus wie ein Wolf.

»Ich hab eine! Ich hab eine!« jubelte Jonas und riß an seiner Angel.

»Vorsichtig, Mann. Du mußt langsam die Leine einholen«, rief Tina. »Ja, so ist es richtig. Sieh mal an, eine schöne, dicke Forelle. Hast du ein Glück.« Anerkennend begutachtete sie den großen Fisch, den Jonas an Land gezogen hatte.

»Was soll ich mit ihm machen?« fragte Jonas hilflos.

»Mein Gott, hast du noch nie einen Fisch gefangen?« meinte Chris ungeduldig. Er war sauer, weil er noch nichts gefangen hatte und dieser Anfänger auf Anhieb ein Prachtexemplar aus dem Wasser holte. »Du mußt ihn vom Haken losmachen.«

Jonas schüttelte sich. Nie würde er es fertigbringen, dieses glitschige, zapplige Ding anzufassen.

»Weg da, Spotty«, rief Chris und scheuchte den Hund weg, der an der Forelle herumschnüffelte. »Nun mach schon, Jonas.«

Jonas schluckte. »Und dann? Was machen wir dann damit?«

»Braten und essen natürlich. Was hast du denn gedacht?«

»Aber er lebt doch noch«, wandte Jonas leise ein und versuchte, den Haken behutsam aus dem auf- und zuschnappenden Fischmaul zu lösen. Zu seiner Überraschung gelang es ihm. Der Fisch lag da und schnappte nach Luft. Seine Augen schienen Jonas anklagend anzustarren.

Tina gab Jonas ihr Messer. »Nun mach schon«, sagte sie. »Laß ihn nicht so lange zappeln.«

»Das kann ich nicht.« Jonas bückte sich und nahm den Fisch in die Hand. Plötzlich holte er weit aus und schleuderte seine Beute in hohem Bogen zurück in den Bach.

»Menschenskind, bist du verrückt geworden?« Chris und Tina schrien gleichzeitig auf. »Die schöne Forelle!«

Jonas sah dem Fisch nach, der sich sofort zwischen Felsgestein und Pflanzen unter einem überhängenden Ufer versteckte. »Was geht euch das an?« fragte er trotzig. »Ich habe den Fisch gefangen, also kann ich damit machen, was ich will.«

Chris wurde wütend. »Dann hau doch ab! Was willst du hier? Reiten kannst du nicht richtig, angeln willst du nicht, zum Baden war es dir zu kalt – du bist ein richtiges Muttersöhnchen!«

Jonas wurde feuerrot. Er schleuderte seinen Rucksack über die Schulter und stürmte davon.

»Jonas, warte! Chris hat es doch nicht so gemeint«, rief Tina ihm nach, aber er drehte sich nicht einmal um.

Unschlüssig sah Tina ihren Bruder an. »Wir können ihn nicht einfach gehen lassen. Wenn er sich nun verirrt? Schließlich kennt er sich hier nicht aus.«

»Bin ich sein Kindermädchen?« knurrte Chris. »Der kommt schon wieder.«

Aber daran dachte Jonas nicht. Den Triumph würde er Chris nicht gönnen. Er stieg aufs Geratewohl einen Berghang hinauf. Von oben hatte man sicher eine gute Aussicht über die ganze Gegend, da konnte er sich leicht orientieren. Er würde den Weg zur Ranch schon finden.

Chris und Tina angelten noch eine Weile weiter, aber es machte ihnen keinen Spaß mehr. Ihre Stimmung befand sich auf dem Nullpunkt. Sie hätten Jonas zurückholen müssen. Es war leichtsinnig, ihn allein in den Bergen herumlaufen zu lassen. Nach einer Stunde machten sie sich auf den Heimweg.

Auf der Ranch angekommen, suchten sie überall, im Haus, in den Ställen und sogar auf dem Dachboden, aber von Jonas keine Spur.

»Wir müssen ihn finden, bevor Mom und Dad etwas merken«, sagte Tina. »Wenn sie erfahren, daß wir ihn allein gelassen haben, können wir was erleben.«

Chris nickte. »Wir gehen ihn suchen. Spotty findet ihn bestimmt mit seiner Spürnase.«

Joe traf bei Kramers ein, als Chris und Tina gerade weg waren. Er hatte sich beeilt, um vor Einbruch der Dunkelheit noch nach dem Zaun sehen zu können. Rasch suchte er das nötige Werkzeug zusammen, das er zum Ausbessern brauchte, und machte sich auf den Weg.

Der Schaden war erheblich, wie Joe erschrocken feststellte. Er kam gerade zurecht, um einige Schafe daran zu hindern, durch den Zaun zu verschwinden. Offenbar nahmen sie an, das Gras auf der anderen Seite sei besser. Ein eigensinniger Hammel hatte sich auf die Vorderbeine gekniet und wollte eben durch den Stacheldraht kriechen. Joe scheuchte ihn weg und machte sich an die Arbeit. Wie viele Tiere mochten im Laufe des Tages entkommen sein?

Joe brauchte eine ganze Weile, bis er die Pfähle wieder fest im Boden verankert hatte und die Drähte ordentlich befestigt waren. Es war ziemlich spät geworden. Bald würde die Dunkelheit einbrechen. Für die Suche nach eventuell entwichenen Tieren war es zu spät. Außerdem kam Nebel auf, der über die Berge herüberzog und langsam ins Tal herabfiel. Trotzdem beschloß Joe, noch ein Stück in die Berge zu steigen. Das Tier von heute morgen ging ihm nicht aus dem Kopf.

Von dem dichter werdenden Nebel bemerkte Jonas lange nichts. Er hatte schon längst das Gefühl, sich verirrt zu haben, wollte sich das jedoch nicht eingestehen und ging einfach immer weiter. Ab und zu hielt er an, um das Tal mit den Blicken abzusuchen nach irgendeinem auffälligen Merkmal, das er wiedererkannte. Erst als er sich umdrehte, sah er zu seinem Entsetzen den Nebel wie eine Wand, die immer näher kam. Er war sich sofort darüber klar, was das bedeutete. Wenn es ihm nicht gelang, die Ranch zu erreichen, bevor der Nebel ihn eingeschlossen hatte, würde er hier in den Bergen die Nacht verbringen müssen.

Bei dem Gedanken ergriff ihn panische Angst. Es wurde empfindlich kalt. Jonas fror in seiner kurzen Hose und dem dünnen Hemd. Tränen stiegen ihm in die Augen. Er wischte sie unwillig fort, aber es kamen immer neue. Es war sinnlos, weiterzugehen.

Er hatte keine Ahnung, in welche Richtung. Er hockte sich auf einen Felsbrocken, legte den Kopf auf die Arme und weinte.

»Ich glaube, es hat keinen Sinn mehr, weiterzusuchen.« Besorgt starrte Tina auf den sich ausbreitenden Nebel. »Vielleicht ist Jonas längst zu Hause.«

»Aufgeben? Ausgeschlossen!« protestierte Chris. »Merkst du nicht, daß Spotty eine Spur verfolgt? Der führt uns geradewegs zu Jonas, wetten?«

»Du und dein Spotty«, meinte Tina abfällig. »Der findet ja nicht mal die stinkigen alten Knochen wieder, die er ständig irgendwo vergräbt.«

»Such, Spotty, such Jonas!« feuerte er den Hund an. Der halbhohe Mischling wedelte freudig mit dem Schwanz und verfolgte zielstrebig schnüffelnd weiter seine Fährte.

Jonas wischte energisch die Tränen weg und stand auf. Das Weinen brachte ihn bestimmt nicht nach Hause, und außerdem war es viel zu kalt, um einfach sitzenzubleiben. Noch konnte er ein bißchen sehen, wenn auch nur ein bis zwei Meter weit. Wenn er ganz vorsichtig war, schaffte er es vielleicht, hinunter ins Tal zu gelangen. Dann konnte er den Bach entlanggehen, immer vorausgesetzt, daß dies das richtige Tal war. Von irgendwoher aus dem Nebel hörte er das Blöken eines Schafes, ein jämmerlicher, verzweifelter Laut wie in höchster Angst, der abrupt abbrach. Und dann hörte er ein schreckliches, langgezogenes Heulen.

Spotty winselte erschreckt und drängte sich zitternd an Chris' rechtes Knie.

»Hast du das gehört?« flüsterte Tina. Die Frage war ganz überflüssig, dieses Geheul hätte selbst ein Tauber gehört.

Chris antwortete nicht. Tina wußte so gut wie er, welches Tier so ein Geheul von sich gab. Schließlich hatte sie es dem Cousin selbst vorgemacht.

»Wir müssen weiter«, drängte Tina. »Wenn Jonas da oben irgendwo ist...« Sie sprach nicht zu Ende, aber Chris verstand sie auch so.

»Los, Spotty!« rief er. Der Hund war jetzt ihre letzte Hoffnung, Jonas zu finden.

Widerstrebend und winselnd nahm Spotty wieder die Fährte auf. Sie waren noch nicht weit gekommen, als plötzlich eine Gestalt wie ein Gespenst aus dem Nebel auftauchte.

»Jonas!« Chris und Tina schrien gleichzeitig auf und stürzten auf den Cousin zu.

»Ich habe dir ja gesagt, Spotty ist der Klügste.« Stolz kraulte Chris seinem Hund die Ohren. »Er hat die Spur aufgenommen, und ruckzuck – schon sind wir hier.«

»Wie gut, daß du geheult hast, Tina«, sagte Jonas mit einem mißglückten Versuch zu lächeln. »Da wußte ich gleich, daß ihr in der Nähe seid.«

»Aber das war ich doch gar nicht«, erwiderte Tina leise.

Sechs Kinder- und zwei Hundeaugen starrten verstört in den Nebel.

»Ob Spotty uns auch nach Hause führen kann?«

fragte Tina zweifelnd. »Ich hab mal gehört, daß man bei Nebel immer im Kreis herumläuft.«

Tatsächlich schien der Hund schon wieder eine Fährte zu verfolgen. Die Kinder stolperten ihm nach. Plötzlich lief Spotty freudig bellend auf eine Gestalt zu, die im Nebel auftauchte. Es war Joe.

Als der Nebel immer dichter wurde, ohne daß die Kinder kamen, wurden Helen und Gavin zunehmend nervös.

»Ich kann nicht länger warten«, sagte Gavin schließlich. »Bei dem Nebel finden sie allein nicht nach Hause. Ich gehe sie suchen.«

Helen nickte. Ihr fiel das untätige Warten genauso schwer wie ihrem Mann, aber jemand mußte ja dasein für den Fall, daß die Kinder doch noch kamen.

In diesem Moment öffnete sich die Tür. Mit unbewegter Miene kam Joe herein. Hinter ihm ertönte lautes Stimmengewirr und helles Kläffen.

»Gott sei Dank«, flüsterte Helen und hielt sich an der Tischkante fest.

Die Kinder jedoch waren bester Stimmung und hatten Ängste und Aufregung schon vergessen.

»Ich werde morgen früh als erstes nach den Schafen sehen«, sagte Joe. »Einige sind wahrscheinlich

### Gattung

*Der Wolf gehört zur Gattung der Hundeartigen, zu denen auch Schakale und Kojoten zählen. Es gibt etwa ein Dutzend Unterarten, z. B. den nordamerikanischen Timberwolf, den arktischen Wolf und den indischen Wolf. Alle Hunderassen stammen von den Wölfen ab. Vor etwa 15 000 Jahren begannen die Menschen, Wölfe zu zähmen. Deren Nachkommen, die ersten Haushunde, wurden zu treuen Begleitern, Wächtern und Jagdgehilfen des Menschen.*

*Die europäischen Wölfe sind meist graubraun, die nordamerikanischen meist schwarz, während die arktischen Wölfe ganz weiß sind. Sie sind unterschiedlich groß. Kleinere Unterarten haben ein Körpergewicht von etwa 20 kg, größere im Norden wiegen durchschnittlich 40 kg. Wölfe haben große, dreieckige Ohren, schräggestellte Augen und einen buschigen Schwanz. Sie verfügen über ein besonders hochentwickeltes Gehör, eine ausgezeichnete Sehschärfe und einen hervorragenden Geruchssinn.*

ausgebrochen. Der Zaun war stärker beschädigt, als ich erwartet hatte.«

»Wir haben eins blöken hören«, berichtete Tina. »Und kurz danach hat irgendwas schrecklich geheult. Jonas dachte schon, ich wär das gewesen, weil ich so gut heulen kann. Wie ein Wolf. Soll ich mal?«

Helen hielt sich die Ohren zu. »Nein danke, wir wissen, daß du das kannst. Verschon uns bitte damit.«

»Das wird ein streunender Hund gewesen sein«, beschwichtigte Gavin. »Ich habe noch nie Wölfe hier im Tal gesehen. Wer weiß, was die Kinder gehört haben. Im Nebel klingt alles anders als gewohnt.«

Joe hatte das Heulen auch gehört, aber das behielt er für sich. Es war ganz sicher kein Hund gewesen.

# Der Pfeil im Hut

Vor Sonnenaufgang war Joe wieder auf den Beinen und auf der Suche nach den verlorenen Schafen. Er kannte die Herde gut genug, um schnell festzustellen, daß einige Tiere fehlten, unter anderem ein Mutterschaf mit zwei Jungen. Ihren Spuren zu folgen war nicht schwer, trotz des stellenweise felsigen Bodens. Die Tiere hatten in regelmäßigen Abständen runde schwarze Schafkötel hinterlassen. Bald hatte Joe die meisten Schafe wieder zusammen, nur ein Lamm fehlte noch.

Die Suche zog sich hin. Endlich entdeckte Joe einige Greifvögel, Bussarde, die am Himmel kreisten, und ging auf die Stelle zu, die offenbar ihre Aufmerksamkeit erregte. Und da lag das Lamm oder was von ihm übrig war.

Sorgfältig suchte Joe die Umgebung ab. Er verstand sich gut genug auf Spurenlesen, um mit ziemlicher Sicherheit sagen zu können, wem das Lamm zum Opfer gefallen war. Im Grunde hatte er es schon vorher gewußt.

Er setzte sich auf einen Felsbrocken und dachte nach. Es lag auf der Hand, was geschehen würde, wenn er seine Vermutung, die eigentlich Gewißheit war, den Ranchern im Tal mitteilte. Sicherlich würde eine regelrechte Hetzjagd einsetzen.

Zwar war es verboten, Wölfe zu jagen, seit sie in Nordamerika fast ausgerottet waren, aber die Rancher würden sich kaum an dieses Verbot halten. Nicht, wenn sie ihr kostbares Vieh bedroht sahen. Und es gab andere Mittel, um Wölfe still und heimlich zu vernichten, beispielsweise Fallen.

Joe fand, daß alle Tiere das gleiche Recht zu leben hatten wie die Menschen. Auch Wölfe, denen die Weißen alle denkbaren schlechten Eigenschaften andichteten. In seinem Stamm wurden viele alten Geschichten erzählt, in denen der Wolf keineswegs das blutrünstige Ungeheuer war, als das ihn die Rancher sahen.

Andererseits fühlte sich Joe verantwortlich für die Herden. Gavin und andere Rancher bezahlten ihn schließlich dafür, daß er auf die Schafe und Rinder aufpaßte.

Er beschloß, zunächst zu schweigen. Und zwar auch seinen Leuten in der Reservation gegenüber. Ihm war klar, daß auch dort viele genauso über die Wölfe dachten wie die weißen Rancher.

Wenn er dafür sorgte, daß der Zaun in Ordnung war und die Schafe und Kälber nicht ausbrechen konnten, dann brauchte sich so etwas nicht zu wiederholen. Die Wölfe würden sich andere Beute suchen, wenn die Schafe nicht mehr so leicht erreichbar waren.

Kurz entschlossen vergrub Joe die Reste des Lamms, so gut es ohne Spaten ging, und beschwerte die Stelle mit Steinen. Niemand sollte das Lamm finden und auf dumme – oder kluge – Gedanken kommen. Je länger die Wölfe unbemerkt blieben, desto besser. Dann wusch er sich die Hände in einem kleinen Gebirgsbach und machte sich auf den Rückweg.

Gavin stand an der Pferdekoppel und unterhielt sich mit Sam Griffith. Beide Männer hatten ernste Mienen.

»He, Joe, komm doch mal her«, rief Gavin. »Sam behauptet, es gäbe Wölfe hier im Tal. Er sagt, sie hätten schon mehrere Schafe gerissen. Hast du irgendwelche Anzeichen dafür bemerkt?«

Joe schüttelte den Kopf.

»Wir müssen etwas tun«, verkündete Sam Griffith. »Wir können nicht einfach zusehen, wie unser Vieh verschwindet. Ich kann mir das nicht leisten.«

»Wie sieht es denn bei unserer Herde aus, Joe?« fragte Gavin. »Sind alle Tiere vollzählig?«

Joe zögerte kaum merklich. Dann sagte er: »Ein Lamm fehlt, aber das ist sicher irgendwo in eine Felsspalte gestürzt und den Bussarden zum Opfer gefallen.«

»Ich werde auf alle Fälle heute nacht wachen«, sagte Sam. »Und morgen auch, wenn es nötig ist. Solange, bis wir das Biest erwischen. Bist du dabei, Joe?«

»Erwischen?« Gavin zog die Augenbrauen hoch. »Wenn es wirklich ein Wolf ist, dann darfst du ihn höchstens vertreiben. Es ist verboten, Wölfe zu jagen, das weißt du.«

»Jagen? Wer spricht denn von jagen? Ich jage nicht, ich verteidige mein Eigentum. Kein Gesetz der Welt kann mir das verbieten. Auf meinem Land habe ich das Recht zu tun, was ich will.«

Immer reden die Weißen von ihrem Land, dachte Joe. Früher war es unser Land. Dann sind sie gekommen und haben es uns weggenommen und nur ein kleines Stück für uns übriggelassen, zu klein, um davon zu leben. Nicht, was ein Indianer leben nennt. Und das wenige möchten sie auch noch haben. Wenn in den Indianerreservationen Öl gefunden wird oder Uran oder wenn sie nur einen Golfplatz bauen wollen, schon sind sie da und strecken die Hand aus. Gib uns, was wir haben

wollen, Rothaut, heißt das, und wehe dir, du tust es nicht. Dann kommen wir wieder mit Gesetzen, von Weißen gemacht, mit Gerichten, von Weißen besetzt, mit Anwälten, von Weißen ausgebildet und bezahlt. Und wenn das noch nicht hilft, kommen wir mit Bulldozern und Gewehren.

Sams ungeduldige Stimme riß Joe aus seinen Gedanken. »Also, was ist, Joe? Kann ich auf dich zählen heute nacht?«

Es klang eher wie ein Befehl als eine Frage.

Joe nickte und ging ins Haus, um zu frühstücken.

»Prima Junge, der Joe«, meinte Sam und sah ihm nach. »Für einen Indianer ist er in Ordnung.«

»Was meinst du damit, ›für einen Indianer‹?« fragte Gavin leicht gereizt. »Das sind Menschen wie wir, mit den gleichen Rechten.«

»Was hast du denn?« fragte Sam erstaunt. »Habe ich etwas anderes behauptet? Den Indianern geht es doch gut, oder nicht?«

»Nachdem wir sie beinah ausgerottet haben, sind wir ihnen schließlich auch etwas schuldig«, knurrte Gavin.

»*Wir*? Ich habe noch nie einem Indianer ein Haar gekrümmt«, antwortete Sam. »Das ist doch alles lange vorbei und vergessen.«

»Ist es eben nicht«, gab Gavin zurück, der bei dem Thema leicht in Hitze geriet. »Was ist mit den Mohawkindianern in Quebec? Da hat es erst 1990 einen regelrechten Krieg gegeben, nur weil die Mohawk nicht zulassen wollten, daß die Weißen ihr Land und ihren Friedhof plattwalzen und daraus einen Golfplatz machen.«

»Das war in Kanada.« Das Argument fand Sam selbst reichlich lahm. »Wenn Joe fertig ist, schick ihn bitte gleich zu mir rüber«, lenkte er ab. »Ich muß machen, daß ich nach Hause komme.«

64

Jonas wartete seit dem Frühstück ungeduldig auf die Post. Heute mußte endlich ein Brief für ihn kommen. Als er den Wagen hörte, lief er hinaus. Rasch blätterte er den dünnen Stoß Briefe und Zeitschriften durch. Da war der Brief.

Jonas setzte sich auf die Verandatreppe und riß den Umschlag auf. Ein eng beschriebener Bogen und ein Zeitungsartikel kamen zum Vorschein. Sein Blick fiel auf die Schlagzeile. *Willkommen, Wölfe!* stand da in großen, fetten Buchstaben. Also gab es endlich Neuigkeiten über die Wölfe, auf die er so lange wartete.

Aber zuerst wollte er den Brief lesen. Seine Mutter erzählte vor allem von der kleinen Schwester. Die Fortschritte des Babys waren im Moment ja auch das wichtigste. »Du fehlst mir«, schrieb sie zum Schluß. »Ich wäre so gern bei Euch und würde Dir alles zeigen. Hast Du manchmal Heimweh?«

Jonas kam es so vor, als ob sie selbst ein bißchen Heimweh nach Montana hätte.

Der letzte Bogen war auf deutsch geschrieben, in der winzigen, schwer lesbaren Schrift seines Vaters. »Sicher willst Du wissen, was es Neues von den Wölfen gibt«, schrieb er. »Leider sind noch zwei erschossen worden. Die Jäger behaupten, sie hätten sie für wildernde Hunde gehalten. Ob das stimmt,

65

### Die Wölfe kommen zurück

*Obwohl die Wölfe viele Jahrhunderte lang grausam verfolgt wurden, sind sie in Europa nie ganz verschwunden. In steilen und kaum besiedelten Gebirgen konnten sie überleben. Nachdem Biologen erreicht haben, daß die Wölfe heute in einigen Ländern geschützt sind, breiten sie sich jetzt wieder aus. Aber in ihrer neuen Heimat haben die Menschen verlernt, mit den Wölfen zu leben: Niemand paßt auf die Schafe auf, viele Menschen haben immer noch Angst vor Wölfen, und die Bauern bekommen nichts bezahlt, wenn einmal ein Schaf gerissen wird.*

*Die Wildbiologische Gesellschaft München (WGM) und die Stiftung Europäisches Naturerbe kümmern sich um die Rückkehr der Wölfe in Europa. So wurde in Deutschland eine große Sympathiekampagne für die Wölfe durchgeführt, und für Brandenburg hat die WGM eine Planung gemacht, wie Konflikte zwischen Bauern und Wölfen vermieden werden können. In Kroatien werden jetzt die gerissenen Schafe bezahlt, und in Rumänien hat vor kurzem ein Forschungsprojekt begonnen, um noch mehr über die Wölfe zu lernen. Bis das Heulen der Wölfe aber wieder häufig zu hören ist, muß noch viel getan werden.*

kann natürlich keiner sagen. Jedenfalls ließ sich das Thema nicht länger geheimhalten. Zusammen mit einer Naturschutzorganisation sind wir an die Öffentlichkeit gegangen. Wir müssen gute Stimmung für den Wolf machen, dann wird es so leicht kein Jäger mehr wagen, einen Wolf zu erschießen. Die Zeitungen haben sich auf das Thema gestürzt, und das Fernsehen war auch schon da. Ich habe dir einen Bericht mitgeschickt. Manche Leute scheinen richtig stolz zu sein, daß wieder Wölfe nach Deutschland kommen, und zwar ganz von allein. Das liegt auch daran, daß jetzt die Ostgrenzen offen sind. Die Wölfe kommen aus Polen, wo sie seit 1977 geschützt sind und sich stark vermehrt haben. Sie schwimmen durch die Oder.

Aber seit es in den Zeitungen stand, geht wie erwartet auch der Ärger los. Die Jagdpächter finden, Wölfe hätten hier nichts zu suchen. Viele Jäger wollen das Rotwild nicht mit den Wölfen teilen. Dabei klagen die Förster darüber, daß Rehe und Hirsche überhandnehmen und alles kurz und klein fressen. Ein nennenswerter Wolfsbestand würde das Wild in Bewegung halten, und die Verbißschäden wären dann geringer. Aber bis dahin ist es noch ein weiter Weg. Zuerst müssen wir dafür sorgen, daß die Menschen die Furcht vor den Wölfen verlie-

ren. Ab und zu kommen nämlich besorgte Anrufe von Leuten, die wissen wollen, ob sie sich noch in den Wald wagen können. Ich beruhige sie dann und sage, wenn sie wirklich einen Wolf zu Gesicht bekämen, dann könnten sie froh sein. Die Tiere sind äußerst menschenscheu. Ich wäre froh, wenn ich einen anträfe – lebendig, meine ich. Tote Wölfe habe ich ja leider gesehen.«

Jonas ließ den Brief sinken und träumte vor sich hin. Mit seinem Vater auf der Pirsch und dann einem leibhaftigen Wolf gegenüberstehen – am besten von einem Hochsitz aus. Klettern konnten Wölfe ja nicht.

»Hi, Jonas.« Tina erschien auf der Veranda. »Wo bleibst du denn? Wir wollten doch Bogenschießen, oder hast du keine Lust mehr?«

Jonas steckte den Brief in die Tasche und folgte Tina auf die Wiese.

Es sah leicht aus, wie spielerisch, wenn der Pfeil von der Sehne schwirrte, aufstieg und in einem eleganten Bogen wieder herunterkam – mitten ins Ziel. Oder mindestens in die strohgeflochtene Zielscheibe, die an einer hohen Eiche befestigt war. Zuversichtlich griff Jonas nach dem Pfeil und spannte den Bogen. Schmerzhaft schlug die Sehne an seinen Finger; zu seinen Füßen fiel der Pfeil ins Gras.

»Nicht so. Du mußt den Pfeil richtig auf die Sehne legen, hier in die Kerbe.« Tina zeigte es ihm.

Beim zweiten Versuch klappte es schon viel besser. Jonas klemmte vor Aufregung die Zungenspitze zwischen die Zähne. Der Pfeil schoß steil in die Höhe und verschwand. Mit offenem Mund starrte Jonas hinterher. Der mußte ja unglaublich hoch geflogen sein, sein Pfeil, denn er kam gar nicht wieder herunter.

»Wartest du, daß dir gebratene Tauben ins Maul fliegen?« spottete Chris. »Mach den Mund wieder zu. Und dann verrat mir mal, wie wir den Pfeil da wieder runterkriegen sollen.« Er zeigte auf die Krone der Eiche. Hoch oben in der Spitze blitzten die roten Federn, die den Pfeil am Schaft schmückten.

»Was? So hoch habe ich geschossen?« Jonas war stolz auf seine Leistung.

Chris seufzte. »Auf die Höhe kommt es beim Bogenschießen eigentlich weniger an. Vergiß die Zielscheibe und versuch erst mal, den Heuballen da zu treffen«, riet er. »Der hat wenigstens keine Äste. Da muß der Pfeil wieder herunterkommen.«

Jonas tat, wie ihm geraten. Der Pfeil bohrte sich ungefähr zehn Meter hinter dem Heuhaufen in die Erde.

»Die Richtung stimmt schon«, meinte Tina ermutigend. »Noch ein paar Schüsse, und du triffst.«

»Klar, treffen wird er bestimmt, fragt sich nur, was«, spottete Chris.

Jonas ließ sich nicht beirren. Er schoß mit Feuereifer einen Pfeil nach dem andern ab, so daß Chris und Tina kaum mit dem Einsammeln nachkamen.

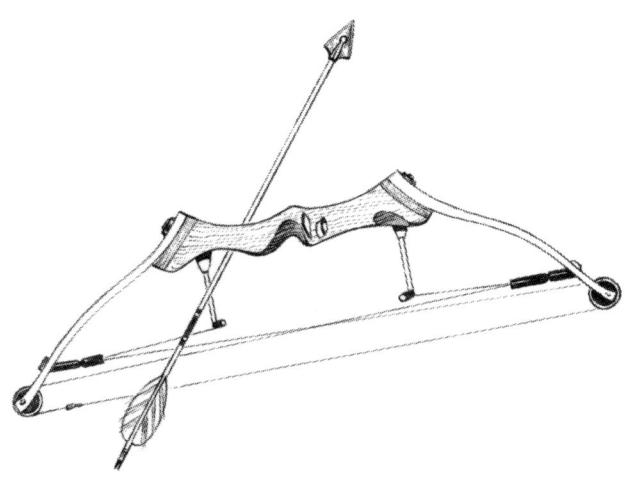

Einige Dutzend Schüsse später traf er den Heuhaufen jedesmal, wagte sich aber noch nicht an die Zielscheibe heran. Auf der Suche nach einem anderen lohnenden Ziel, fiel sein Blick auf das Gattertor am Weidezaun.

»Wetten, daß ich den Balken an der Seite treffe?« prahlte er und griff zum nächsten Pfeil. Er zielte kurz und schoß.

»Nicht auf das Tor!« schrie Tina.

Jonas beachtete sie nicht. Gespannt verfolgte er den Pfeil mit den Augen. Endlich hatte er den Bogen raus!

Leider flog der Pfeil ein ganzes Stück über das

Gattertor weg und verschwand aus Jonas' Blickfeld. Ein lauter Schrei ertönte, dann ein grober Fluch. Jonas erstarrte.

»Au verdammt«, flüsterte Chris. »Das ist danebengegangen. Wo uns Dad immer wieder predigt, nur zu schießen, wenn das Feld frei ist.«

Er rannte hinter Tina her, die schon am Tor war. Jonas blieb vor Schreck stocksteif stehen.

Eine wütende Stimme riß ihn aus seiner Erstarrung. »Was ist denn hier los, zum Teufel? Wer hat geschossen?« Mit vor Ärger rotem Gesicht stapfte Arnie durch das Tor, seinen breitkrempigen Hut in der Hand. Mittendrin steckte ein Indianerpfeil mit leuchtend blauen Federn.

Tina lächelte den Nachbarn an. »Entschuldigung«, flötete sie. »Das war ich. Der Pfeil ist mir abgerutscht.«

Mißtrauisch starrte Arnie sie an. Hatte sie nicht einmal bei einem Sommerfest einen Preis im Bogenschießen gewonnen?

»Lassen Sie mich mal sehen«, meinte Tina besorgt und kam näher. »Sind Sie verletzt? Nein? Da haben wir ja Glück gehabt, daß nur der Hut getroffen wurde.«

»Nur der Hut? Du hast Nerven. Schau dir das an. Der ist ruiniert.« Er hielt ihr den Hut hin.

»Was gibt's denn?« fragte Gavin unvermittelt in seinem Rücken. Er hatte vom Stall aus Arnies laute Stimme gehört.

Arnie fuhr herum. »Deine Tochter hat soeben auf mich geschossen, mit einem Indianerpfeil. Das könnte ich anzeigen.«

»Aber es ist doch nichts passiert«, beschwichtigte ihn Gavin. »Es sind ja nur Spielpfeile.«

»Und mein Hut? Ist das etwa nichts? Da bleibt ein Loch, wenn ich den Pfeil herausziehe. Von wegen Spielzeugpfeil.«

Dann laß ihn doch drin, das gibt eine erstklassige Vogelscheuche, hätte Chris am liebsten geantwortet, aber sein Vater kam ihm zuvor.

»Ich werde selbstverständlich den Hut bezahlen, Arnie«, sagte er. »Wenn er auch so aussieht, als hätte ihn schon dein Vater getragen. Aber das ist sicher nicht der Grund, warum du gekommen bist.«

»Natürlich nicht«, erwiderte Arnie. »Ich wollte dich warnen. Euer Joe, der führt etwas im Schilde.« Er sah sich nach allen Seiten um, als erwarte er jeden Augenblick eine Horde Indianer oder einen Pfeilhagel.

»Schon wieder Joe! Kannst du den Jungen nicht endlich in Ruhe lassen? Was hat er dir denn getan?

Schließlich hat er doch den Zaun repariert, obwohl du an der Reihe gewesen wärst.«

»O ja, das hat er.« Arnie nickte. »Aber was nützt der schönste Zaun, wenn die Diebe schon drin sind?«

»Immer dasselbe!« Gavin ärgerte sich. »Das ist doch nicht neu, daß du Joe des Diebstahls verdächtigst. Aber bisher ist noch nie was dran gewesen.«

»Dann frag ihn doch mal, was er da am Hang oberhalb von eurer Schafweide vergraben hat«, gab Arnie zurück. »Ich habe ihn nämlich zufällig dabei beobachtet. Ich wette, das ist dein verlorenes Lamm. Im Schutz der Dunkelheit holt er es dann, um es heimlich zu verkaufen. Er hat Steine aufgehäuft, damit er die Stelle leichter wiedererkennen kann. Vielleicht versteckt er die Schafe, die bei Sam verschwinden, auch irgendwo und verkauft sie später.« Er wandte sich um und ging.

Gavin blieb kopfschüttelnd zurück. Er glaubte nicht, daß Joe ein Viehdieb war. Aber komisch war Arnies Geschichte doch.

# Wölfe im Tal!

Noch vor Einbruch der Dunkelheit erschien Joe bei Sam Griffith, um die Nachtwache anzutreten. Er brachte einige Jungen aus der Reservation mit, die sich bereit erklärt hatten, zu helfen. Sam war froh, daß er Hilfe hatte. Er verteilte alle entlang seiner Weidegrenzen und bezog selbst Posten in der Nähe des Hauses. Um sich aufzuwärmen, genehmigte er sich ab und zu einen Schluck aus der Whiskeyflasche, die in seiner Jackentasche steckte.

Zunächst passierte nichts. Sam legte sich zum Schutz gegen die Kälte eine Decke um die Schultern, stapfte hin und her und rieb sich die Hände. Schließlich wurde er müde, setzte sich hin und schloß die Augen.

Seltsame Geräusche rissen ihn aus seinem Halbschlaf. Er richtete sich auf und lauschte verwirrt: Ein Trommeln und Pfeifen, dumpfe und schrille rhythmische Töne waren deutlich und klar in der Nacht zu hören. Träumte er? Mit einem Schlag war es wieder totenstill. Sam seufzte und schüttelte den Kopf. Ich sollte nicht soviel Whiskey trinken, sagte er zu sich selbst. Entschlossen legte er die Decke über seinen Schultern zurecht und stand auf. Ein kleiner Rundgang würde ihn wieder munter machen, und dabei konnte er gleichzeitig kontrollieren, ob die Wachen auf ihren Posten standen.

Er war noch keine Viertelstunde unterwegs, da ging der Lärm wieder los. Diesmal war kein Zweifel möglich: Das war weder ein Traum noch eine Folge des Alkohols. Griffith beschleunigte seine Schritte, um der Ursache dieser seltsamen Nachtmusik auf die Spur zu kommen. Nach kurzer Zeit stieß er auf den ersten Wachtposten. Er brauchte nur dem dumpfen Trommelwirbel nachzugehen. Es war einer der jungen Indianer, die Joe mitgebracht hatte.

»Was machst du für einen Lärm?« fuhr er den Jungen an.

Der Junge ließ die Trommelstöcke sinken und stammelte etwas von bösen Geistern, die man des Nachts vertreiben müsse.

Was hat Joe da bloß für einen Trottel aufgetrieben, dachte Sam. Böse Geister! Kopfschüttelnd fragte er, wo er Joe finden könne. Der Junge zog die Schultern hoch und deutete in die Dunkelheit.

Es war nicht schwer, Joe zu finden. Er war der Flötenspieler. Als er Sam kommen sah, hörte er auf zu spielen und ließ die Flöte sinken. Schlagartig verstummte der Lärm.

»Kannst du mir mal erklären, was das soll, Joe?«
fragte Sam. »Und erzähl mir bloß nichts von Gei-
stervertreibung. Wie sollen wir jemals einen Wolf
erwischen, wenn ihr so eine Katzenmusik veran-
staltet? Damit treibt ihr jeden in die Flucht.«

»Aber das ist doch unsere Aufgabe«, erwiderte
Joe gekränkt. »Dafür sind wir gekommen. Wölfe
gibt es hier nicht. Nur böse Geister. Und gegen die
hilft Trommeln und Pfeifen.«

Griffith knirschte mit den Zähnen. »Glaubst du
etwa, daß böse Geister über die Schafe hergefallen
sind?«

Joe antwortete nicht. Er hob nur beide Hände,
als wolle er sagen: Besser, man spricht nicht darüber.

»Na schön.« Sam hatte keine Lust, den Rest der
Nacht mit den Indianern über Geister zu diskutieren. »Ihr könnt alle gehen. Euren Lohn bekommt
ihr morgen.«

Was auch immer die jungen Indianer im Sinn gehabt
hatten mit ihrer Musik, eins hatten sie bewirkt:
Sams Schafe waren in dieser Nacht unbehelligt
geblieben. Dafür war bei einem anderen Rancher
Vieh verschwunden. Das erfuhr Sam als erstes, als
er Gavin am Morgen von der seltsamen Nachtwa-

che berichten wollte. Die Rancher im Tal wurden langsam nervös. Auch die, die gar nicht betroffen waren. Schließlich konnte am nächsten Tag das eigene Vieh an die Reihe kommen. Sie beschlossen, gemeinsam zu beraten, wie sie den Viehräuber unschädlich machen könnten.

»Kommst du auch, Sam?« fragte Gavin. »Morgen abend bei mir. Die anderen habe ich schon angerufen.«

Sam sagte sofort zu. Die Angelegenheit duldete keinen Aufschub, soviel war klar.

Als Sam gegangen war, suchte Gavin nach Joe, aber der war nirgendwo aufzutreiben. Gavin glaubte nicht an einen Scherz und an Joes Geisterglauben genausowenig. Nicht, nachdem er am Vorabend die Reste des Lamms ausgegraben hatte. Er hatte den aufgeschichteten Steinhaufen nach Arnies Beschreibung sofort gefunden. Was hatte Joe dazu bewogen, das Lamm zu begraben und in der Nacht darauf diesen Lärm zu veranstalten?

»Habt ihr Joe gesehen?« fragte er die Kinder, die gerade dabei waren, ihre Pferde zu satteln.

Jonas sagte, er habe Joe am Morgen in seinem Jeep wegfahren sehen, wohin, das wisse er nicht. Gavin wunderte sich. Es sah Joe nicht ähnlich, einfach zu verschwinden, ohne Bescheid zu sagen.

78

Als Joe am Abend immer noch nicht zurück war, fing Gavin an, sich Sorgen zu machen. Auch die Kinder machten sich ihre Gedanken.

»Wer weiß, ob wir Joe je wiedersehen«, meinte Chris düster. »Bei dem ganzen Gerede über Wölfe seit drei Tagen. Vielleicht stimmt es ja. Und wenn Joe hinter ihnen her war...«

»Du meinst, Joe haben die Wölfe gefressen?« fragte Tina entsetzt.

Chris schwieg vielsagend.

Jonas konnte nicht mehr an sich halten. »Blödsinn!« rief er. »Wölfe greifen keine Menschen an, sondern umgekehrt. Bei uns in Brandenburg haben sie schon drei erschossen.«

Chris schnaubte. »Fängst du schon wieder damit an? Das glaubst du doch selber nicht.«

»Na, und was ist das hier?« Jonas zog den zerknitterten Zeitungsausschnitt aus der Hosentasche. »Hier steht es schwarz auf weiß.« Er hielt Chris das Blatt vor die Nase. »Willkommen, Wölfe – *welcome wolves* auf englisch«, las er vor und übersetzte den Text.

Chris murmelte etwas Undeutliches. Er gab nicht gern zu, daß Jonas recht gehabt hatte mit den Wölfen in Deutschland.

Aber Tina war begeistert. »Die sind wirklich wieder zugewandert, obwohl es in Brandenburg seit ewigen Zeiten keine Wölfe mehr gab?« fragte sie. »Vielleicht ist das bei uns genauso. Vielleicht kommen sie über die Grenze aus Kanada. Dort gibt es noch viele Wölfe.« Sie holte eine Landkarte, um die mögliche Wolfswanderung zu verfolgen.

Auch Joe ließen die Wölfe keine Ruhe. Die Rancher würden sich nicht so einfach mit dieser Einwanderung abfinden, das war klar. Sie würden die Wölfe abschießen oder Fallen aufstellen. Joe hatte nicht die Absicht, dabei tatenlos zuzusehen. Er beschloß, in den Nationalpark zu fahren und die Wildhüter zu informieren. Die wußten hoffentlich, was zu tun war. Vorher wollte er noch mit den Jungen in der Reservation reden. Der nächtliche Krach hatte bestens gewirkt. Sicher war das eine gute Möglichkeit, die Wölfe von den Herden fernzuhalten. Und gleichzeitig konnten sich die Jugendlichen ein Taschengeld verdienen. Wenn man nur die Rancher überzeugen könnte!

Kurz entschlossen fuhr er am nächsten Morgen los, ohne Gavin etwas zu sagen. Der hätte ihn womöglich zurückgehalten. Im Glacier Nationalpark suchte Joe zuerst das Besucherzentrum auf in der Hoffnung, dort jemanden zu finden, mit dem er reden konnte. Hier gab es eine Menge Informationen über Tiere und Pflanzen, die im Park heimisch waren, interessante Einzelheiten über Gesteine und Fossilien und die großen Gletscher, die die Landschaft gebildet hatten.

Joe hatte Glück und traf einen der Wildhüter an, einen älteren Mann mit durchdringenden blauen Augen, der sich als Ernest Cross vorstellte. Aufmerksam hörte er sich an, was Joe zu berichten hatte.

## Nahrung

Der Wolf ist ein Fleischfresser und Jäger. Beutetiere sind überwiegend Huftiere wie Rehe, Hirsche, Elche, Gemsen und Schafe, aber auch so wehrhafte Tiere wie Wildschweine. Im Notfall jagt der Wolf auch kleinere Tiere. Bei seinem großen Nahrungsbedarf von 2–3 kg Fleisch pro Tag ist das aber eine Ausnahme. Ein erwachsener Wolf braucht pro Monat etwa einen Hirsch oder fünf Rehe. Er kann mehrere Tage ohne Nahrung auskommen, aber bis zu 10 kg an einem Tag fressen.

Wölfe jagen überwiegend im Rudel. Pro Tag legt ein Wolf oft mehr als 20 km zurück, er kann bei der Verfolgung der Beutetiere Spitzengeschwindigkeiten von 60 km pro Stunde erreichen.

Bei der Jagd erwischen die Wölfe vor allem alte, kranke und schwache Tiere und tragen so zu einer Auslese des Wildbestandes bei. Wolfsforscher haben herausgefunden, daß das Rudel die potentielle Beute zunächst testet, an die stärksten Tiere trauen die Wölfe sich nicht heran: von 20 lassen sie 19 wieder laufen.

Haustiere werden nur erbeutet, wenn sie leicht erreichbar sind. Es ist kein Fall bekannt, in dem ein gesunder Wolf einen Menschen angegriffen hätte.

»Die wollen die Wölfe loswerden, gleich mit welchen Mitteln«, schloß der Indianer.

Ernest kratzte sich den kahlen Schädel. »Diese Wölfe haben unsere Planung durcheinandergebracht. Es ist daran gedacht, nach und nach Wölfe im Yellowstone Nationalpark in Wyoming wieder heimisch zu machen. Aber diese hier konnten es wohl nicht abwarten und haben sich einfach auf eigene Faust auf den Weg gemacht. Vermutlich kommen sie aus Kanada und sind über den Glacier Nationalpark bis in einzelne Täler vorgestoßen. Es wird schwer sein, die Rancher ohne Vorbereitung davon zu überzeugen, daß sie die Wölfe in Ruhe lassen sollen. Die sehen nur einen Feind, der ihnen ihr Vieh raubt.« Er versprach, in den nächsten Tagen mit den Leuten zu reden. »Und halte mich auf dem laufenden«, bat er Joe zum Abschied. »Wenn sich irgend etwas tut, ruf mich an. Du erreichst mich meist gegen achtzehn Uhr unter dieser Telefonnummer.« Er kritzelte eine Nummer auf einen Zettel und gab ihn Joe.

Als Joe auch am nächsten Morgen nicht zurück war, begann Gavin sich Sorgen zu machen. Helen vermutete, daß er bei seiner Familie in der Reservation war. Die Befürchtung von Chris und Tina, sein

Verschwinden könne etwas mit den Wölfen zu tun haben, hielten beide Eltern genau wie Jonas für Hirngespinste.

Am Abend trafen acht Rancher aus dem Tal wie verabredet bei Gavin ein. Die Gerüchte über Wölfe, die das Tal unsicher machten und über die Herden herfielen, hatten sich in Windeseile verbreitet, und die Stimmung war dementsprechend erregt. Alle waren der Meinung, daß sofort etwas geschehen müsse. Von einigen Ranchern wurden weitere Verluste gemeldet, die angeblich auf das Konto der Wölfe gingen.

»Wenn wir nichts unternehmen«, rief Arnie, »können wir einpacken. Dieses Raubgesindel wird uns ruinieren.«

»Der hat es gerade nötig«, flüsterte Tina empört Jonas zu. »Ihm gehört die größte Ranch im Tal. Der merkt das kaum, wenn ihm mal ein Schaf verlorengeht.«

Gavin mahnte zur Besonnenheit. »Noch wissen wir nicht sicher, ob es wirklich Wölfe sind. Und wenn, wie viele. Verluste von Schafen oder Kälbern kommen immer wieder vor. Wir sollten vor allem dafür sorgen, daß die Weidezäune in Ordnung sind, und nachts Wachen aufstellen.«

»Solche Wachen wie Joe?« schimpfte Sam. »Der

das Raubzeug verjagt mit seinem Krach? So kriegen wir sie nie.«

Chris stieß Tina aufgeregt in die Seite. »Guck mal, da kommt Joe. Als hätte er gewußt, daß von ihm die Rede ist.«

Gavin hatte Joe noch nicht bemerkt, weil er mit dem Rücken zur Tür saß.

»Ich weiß nicht, was du Joe vorwirfst, Sam«, sagte er ruhig. »Wenn er die Wölfe verscheucht hat, dann ist es doch gut. Es geht nicht darum, die Wölfe zu vernichten, sondern unsere Tiere zu schützen.«

Ein Sturm der Entrüstung brach los.

»Willst du etwa sagen, daß es dir gleich ist, ob sich dieses Pack hier wieder breitmacht?« rief Sam. »Nicht nur unser Vieh ist bedroht, es geht um unsere eigene Sicherheit und um die unserer Frauen und Kinder. Die können sich ja gar nicht mehr aus dem Haus wagen, wenn hier Wölfe frei herumlaufen.«

»Das ist doch maßlos übertrieben!« Selbst der besonnene Gavin regte sich langsam auf. »Es ist bekannt, daß Wölfe keine Menschen anfallen, dazu sind sie viel zu scheu. Außerdem wissen wir alle, daß es verboten ist, Wölfe zu jagen. Sie gehören zu den geschützten Arten, weil sie in vielen Ländern schon ausgerottet sind.«

»Geschützte Arten, wenn ich das schon höre«, knurrte Arnie. »Reine Gefühlsduselei. Das denken sich ein paar Spinner aus, die am Schreibtisch sitzen und die Welt nur aus Büchern kennen. Früher gab es Prämien für jeden erlegten Wolf, und heute soll man sie auf einmal mit Samthandschuhen anfassen. Vielleicht ziehen wir den Wölfen einfach ein Schafsfell über und bringen ihnen bei, Gras zu fressen. Dann können sie meinetwegen hier weiden. Aber bis dahin sollen sie verschwinden, oder ich jage ihnen eine Ladung Blei in den Pelz.«

»Dann laß dich aber nicht dabei erwischen«, sagte ein anderer Rancher. »Gavin hat recht. Die Jagd auf Wölfe ist verboten. Außerdem mußt du sie erst mal haben. So einfach ist das nicht, einen Wolf vor die Flinte zu kriegen.«

»Gibt ja noch andere Mittel«, murmelte Arnie.

»Was meint er denn damit?« fragte Jonas leise.

»Ist doch sonnenklar«, flüsterte Chris. »Tellereisen.«

»Was ist denn das?«

»Fallen mit zwei Stahlbügeln, die schnappen zu, wenn ein Tier daran kommt. Dann hängt es mit dem Bein in den Eisenzähnen fest und kann nicht mehr weg.«

»Gemein, so was.« Jonas war empört.

Bei den Ranchern stieß Arnies Anspielung auf unterschiedliche Reaktionen. Gavin blieb dabei, es reiche aus, die Wölfe vom Vieh fernzuhalten. Aber andere teilten Arnies Meinung, daß die Wölfe getötet werden müßten.

Joe verfolgte die Diskussion mit düsterer Miene.

»He, Joe, wer hat dir denn erlaubt, an unserer Versammlung teilzunehmen?« fragte Arnie auf einmal. »Wir brauchen keine Spitzel hier. Ich kann dir nur raten, misch dich nicht in unsere Angelegenheiten ein.«

»Joe ist auf meinen ausdrücklichen Wunsch hier«, behauptete Gavin. »Schließlich arbeitet er für uns, also betrifft ihn das Problem genauso.«

Den andern Ranchern war es egal, ob Joe dabei war oder nicht. Außerdem hatten sie es eilig, nach Hause zu kommen, denn es war spät geworden. So

# Wolfsvorkommen in Nordamerika

---

|⊢——————|  km
1000

::::: ursprüngliches Verbreitungsgebiet

▨ heutiges Verbreitungsgebiet

wurde zunächst nur beschlossen, nachts Wachen aufzustellen. Es war offensichtlich, daß zwei oder drei der Rancher die Absicht hatten zu schießen, sollte tatsächlich ein Wolf auftauchen.

Auch bei den Kindern waren die Ansichten geteilt. Jonas war dafür, die Wölfe in Ruhe zu lassen. »Wenn ihr hier in Amerika nicht mal Platz für sie habt, in so einem riesigen Land, was sollen wir da in Deutschland sagen? Mein Vater versucht dort alles, um die Wölfe zu schützen.« Er verschwieg, daß sein Vater dabei mit großen Schwierigkeiten rechnete. Wahrscheinlich fanden zu Hause in Brandenburg ganz ähnliche Diskussionen statt.

»Du hast gut reden«, rief Chris. »Dein Vater ist kein Landwirt. Sollen Dad und die anderen einfach zusehen, wie die Wölfe ihnen die Schafe wegfressen? Und wovon sollen sie dann leben?«

Tina sagte gar nichts. Sie überlegte, wie man die Wölfe von den Herden fernhalten könnte. Wenn es keinen Schaden gab, würden sich die Rancher mit den Wölfen abfinden. Außerdem tat ihr das Lamm leid, das vermutlich von einem Wolf gerissen worden war. Doch dann mußte sie über sich selbst grinsen. Die Lammkoteletts zum Abendessen hatten ihr sehr gut geschmeckt, und dem Lamm war es wohl egal, wer es aß...

Die Rancher verabschiedeten sich, nachdem die Einteilung der Wachposten geklärt war. Als alle gegangen waren, wandte sich Gavin an Joe. »Wo warst du so lange? Wir haben uns Sorgen um dich gemacht.«

»Ich war bei meinen Leuten in der Reservation«, sagte Joe. »Hatte etwas Dringendes zu erledigen.«

Er verriet nicht, was es war, und Gavin wollte ihn nicht weiter ausfragen. »Kannst du heute nacht einen Teil der Wache übernehmen?« fragte er. »Oben bei der Schafweide? Wenn du mich gegen zwei ablöst, übernehme ich den ersten Teil der Nacht.«

Joe nickte. »In Ordnung.«

Aber die beiden schlugen sich umsonst die Nacht um die Ohren. Es ließ sich kein größeres Tier blicken.

# Arnie auf der Spur

Chris, Tina und Jonas begleiteten Joe auf seinem täglichen Kontrollritt, als Joe sein Pferd zügelte und die Hand hob.

»Da drüben, ist das nicht Arnies Jeep? Was hat der hier oben mit dem Wagen zu suchen?«

Der Wagen stand so geschickt unter einigen Fichten verborgen, daß die Kinder ihn gar nicht bemerkt hätten. Während sie hinüberstarrten, sahen sie Arnie zwischen den Bäumen auftauchen und eilig in seinen Wagen steigen.

»Am besten sehen wir mal nach, was der da oben gemacht hat«, sagte Tina.

»Da müßt ihr allein gehen.« Joe zeigte auf den Weidezaun. »Die Pfähle sind schon wieder schief, und der Draht ist auch kaputt. Das geht nicht mit rechten Dingen zu. Von selbst kann das nicht dauernd kaputtgehen.«

»Meinst du, jemand macht das absichtlich?« fragte Chris. »Aber wer denn, und warum?«

»Ich kann mir schon denken, wer«, gab Joe zurück.

»Du meinst Arnie? Der hat doch nichts davon,

wenn er den Zaun beschädigt«, wandte Tina ein. »Oder meinst du, er will uns nur ärgern?«

»Arnie macht es immer Spaß, mich auf Trab zu halten«, sagte Joe verdrossen. »Und er will um jeden Preis die Wölfe loswerden. Ein beschädigter Zaun lockt die Wölfe an, weil sie da leicht auf die Weide können. Und die Schafe können leicht ausbrechen. Dann braucht Arnie nur noch geschickt einige Fallen aufzustellen und abzuwarten. Früher oder später hat er Erfolg. Nur wird er das natürlich alles abstreiten. Oder er wird versuchen, es mir in die Schuhe zu schieben, und behaupten, daß ich die Zäune zerstöre.«

Für Joe war das eine lange Rede gewesen.

»Man müßte es ihm beweisen können«, sagte Jonas nachdenklich. »Aber wie?« Er klopfte Flash den Hals. Das Pferd tänzelte unruhig hin und her. »He, seht mal! Da liegt etwas im Gras«, rief Jonas und glitt aus dem Sattel. Er bückte sich und hob ein Messer auf.

»Das ist bestimmt Arnies Messer. Er hat es verloren, als er die Pfähle gelockert hat. Gib doch mal her.« Chris drehte das Messer in der Hand und untersuchte es von allen Seiten.

»Wie sollen wir feststellen, wem das gehört? So ein Messer hat doch jeder«, meinte Tina. »Wenn wir Arnie sagen, daß wir es hier gefunden haben, wird er bestimmt abstreiten, daß es seins ist.« Plötzlich grinste sie in sich hinein. »Ich weiß schon, wie ich es anstelle. Das werden wir bald wissen, ob das Arnies Messer ist.« Sie steckte das Messer ein.

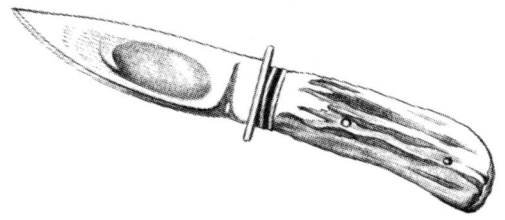

Joe fing an, die Zaunpfähle wieder aufzurichten. Die Kinder ritten weiter in die Richtung, aus der Arnie vorhin gekommen war.

»Wenn Joe recht hat, müßte Arnie da oben Fallen aufgestellt haben«, sagte Chris. »Das erklärt auch, warum er so weit wie möglich mit dem Wagen heraufgefahren ist. Die Dinger sind verdammt schwer.«

Sie banden die Pferde an einen Baumstamm und suchten eine Weile ergebnislos am Rand des Nadelwaldes. Tina versuchte sich vorzustellen, welchen Weg ein Wolf wohl einschlagen würde. Tief im Gebüsch konnte Arnie seine Fallen nicht versteckt haben.

Spotty, der neben ihr herlief, winselte und

stürzte davon, dann blieb er stehen und wedelte mit dem Schwanz. Etwas glänzte hell in der Sonne auf und zog Tinas Blick an. Tatsächlich, das mußte ein Tellereisen sein. Nur ein kleines Stück Metall schaute unter dem Laub und den Zweigen hervor, womit jemand die Falle bedeckt hatte. Tina bückte sich, um das unheimliche Ding näher zu betrachten.

»Hände weg!« befahl eine rauhe Stimme hinter ihr.

Tina fuhr herum. »Ach, du bist es, Joe. Du hast mich vielleicht erschreckt.«

»Faß das Ding bloß nicht an«, warnte Joe, »oder du bist deine Hand los. Die Eisen zerschlagen deine Knochen wie einen dürren Ast.«

»Wir können sie doch nicht einfach stehenlassen«, protestierte Tina. »Wenn da jemand hineingerät...« Mit Schrecken dachte sie an Spotty, der in der Nähe im Gebüsch herumstöberte. Neben der Falle lagen als Lockköder einige Brocken Fleisch, die er wahrscheinlich gewittert hatte. Wer immer sich diese Leckerbissen holen wollte, mußte unweigerlich in das stählerne Gebiß geraten. Um ein Haar wäre es um Spotty geschehen gewesen. Sie rief den Hund und nahm ihn an die Leine.

»Wir lassen sie zuschnappen, das ist gar nicht schwer.« Joe hantierte mit einem dicken Ast an der

94

## Verbreitung und Ausrottung

*Ursprünglich waren Wölfe auf der ganzen nördlichen Erd-*
*halbkugel verbreitet. Schon 813, zur Zeit Karls des Großen,*
*begannen regelrechte Ausrottungsfeldzüge. Zuerst starben*
*die Wölfe in England aus, Anfang des 16. Jahrhunderts*
*auch in Schottland und Irland. In anderen europäischen*
*Ländern gab es noch im 19. Jahrhundert Wölfe. Der letzte*
*Wolf in der Eifel wurde 1888 erlegt. In Nordamerika*
*lebten die indianischen Ureinwohner mit den Wölfen und*
*den Büffeln in einer harmonischen Gemeinschaft, die*
*durch die europäischen Einwanderer für immer zerstört*
*wurde. Zwischen 1850 und 1900 wurden in den Vereinig-*
*ten Staaten etwa zwei Millionen Wölfe getötet, wofür der*
*Staat Prämien zahlte.*
*Heute leben noch Wölfe in Alaska und Kanada, in Asien*
*(Arabische Halbinsel, China, Indien, Kasachstan, Mongo-*
*lei, Sibirien), in Osteuropa (Polen, Slowakei, Ungarn, Slo-*
*wenien, Kroatien, Bosnien-Herzegowina, Serbien/Monte-*
*negro, Mazedonien, Rumänien, Bulgarien), in Südeuropa*
*(Italien, Spanien, Portugal, Griechenland). Wenige Wölfe*
*gibt es noch in Skandinavien. Erste Rudel sind in Frank-*
*reich und Deutschland wieder aufgetaucht.*

95

Falle herum, die mit einem häßlichen, metallischen Ton zuschnappte. Der Ast war zersplittert.

Tina schüttelte sich. »Wenn ich mir vorstelle, daß da jetzt Spottys Pfote drinstecken könnte... Das ist ja gräßlich.«

Sie rief Chris und Jonas herbei. »Seht euch das mal an, ist das nicht eine Gemeinheit? Wenn da ein Wolf hineingerät, der kann nie mehr richtig laufen.«

»Aber das ist doch Tierquälerei!« Jonas stellte sich vor, wie ein gefangener Wolf unter schrecklichen Schmerzen stundenlang vergeblich versuchte, sich aus der stählernen Fessel zu befreien.

»Wenn ein Tier mit dem Lauf in so eine Falle gerät«, erklärte Joe, »dann beißt es sich manchmal selber die Pfote ab, um freizukommen. Danach kann es nicht mehr jagen und geht meist jämmerlich zugrunde.«

»Und was machen wir jetzt? Das ist sicher nicht die einzige Falle«, vermutete Jonas.

»Wir suchen so lange, bis wir alle anderen gefunden haben«, sagte Tina. »Dann machen wir sie unschädlich. Arnie wird sich wundern.«

Chris wandte ein, das könne Tage dauern, zumal sie nicht mal wüßten, wie viele Fallen Arnie aufgestellt hätte, geschweige denn, wo.

»Wir müssen Arnie beobachten«, schlug Jonas vor. »Der wird seine Fallen doch regelmäßig überprüfen, um zu sehen, ob er was gefangen hat. Wir brauchen ihm nur nachzuschleichen, dann wissen wir, wo Fallen sind.«

»Wie stellst du dir das vor?« fragte Chris. »Wir können doch nicht den ganzen Tag hinter Arnie herlaufen. So blöd ist der auch nicht, daß er das nicht merkt.«

»Arnie wird sichergehen wollen, daß nur er und niemand sonst einen Wolf findet, falls einer in die Falle geht. Also muß er im Morgengrauen nachsehen«, sagte Joe.

»Warum suchen wir nicht gleich?« drängte Jonas. »Vielleicht sind die anderen Fallen in der Nähe.«

Sie gingen noch mal auf die Suche und entdeckten zwei weitere Fallen, die sie unschädlich machten.

»Für den Anfang nicht schlecht.« Tina freute sich. »Aber jetzt müssen wir heim zum Mittagessen. Ich glaube, Arnie wollte nachher vorbeikommen wegen der Nachtwache. Dem fühle ich mal auf den Zahn.« Sie hielt das Messer hoch.

Arnie erschien kurz nach dem Essen.

»Ich übernehme den zweiten Teil der Nacht, Gavin«, schlug er entgegenkommend vor. »Deine

Schafweide behalte ich mit im Auge. Du kannst dich auf mich verlassen.«

Die Kinder warfen sich vielsagende Blicke zu. Joes Vermutung schien ins Schwarze zu treffen. Arnie wollte im Morgengrauen da oben sein.

Tina ging aus der Küche und kam nach kurzer Zeit mit dem Messer in der Hand zurück. »Gehört das Ihnen?« fragte sie und lächelte Arnie freundlich an. »Vielleicht ist es Ihnen draußen aus der Tasche gefallen.«

Überrascht griff Arnie in seine Jackentasche. »Tatsächlich, es ist meins.« Er nahm das Messer in die Hand, klappte es auf und untersuchte es gründlich. »Kein Zweifel. Ich erkenne es an der Scharte hier unten. Wollte mir schon längst mal ein neues kaufen. Danke, Kleine.« Er steckte das Messer ein.

Kaum war Arnie weg, sagte Tina: »Rate mal, Daddy, wo wir Arnies Messer gefunden haben.«

»Na, vor dem Haus, denke ich«, erwiderte Gavin ohne großes Interesse.

»Daneben! Soll ich dir sagen, wo? Neben unserem Weidezaun. Der war nämlich schon wieder kaputt. Joe meint, das macht jemand mit Absicht.«

Gavin runzelte die Stirn. »Ihr solltet etwas vorsichtiger sein, bevor ihr solche Gerüchte verbreitet. So etwas traue ich Arnie einfach nicht zu.«

Tina ließ nicht locker. »Und das Messer? Ist das kein Beweis?«

Gavin schüttelte den Kopf. »Das beweist nur, daß Arnie dort war. Arnie ist mein Nachbar, und ich will keinen Ärger mit ihm. Also hört auf, solche Geschichten zu verbreiten. Ich weiß ja, er ist manchmal schwierig und unfreundlich. Aber er hat es auch nicht leicht so allein. Als seine Frau noch gelebt hat, war er ganz anders. Laßt ihn in Ruhe. Ich werde auch mit Joe sprechen, was ihm einfällt, euch solchen Unsinn in den Kopf zu setzen.«

Enttäuscht wandte sich Tina ab und ging auf die Scheune zu. Chris und Jonas folgten ihr.

»Warum hast du nichts von den Fallen gesagt?« wollte Jonas wissen.

»Hat doch keinen Zweck. Dad glaubt uns nicht.«

»Außerdem ist es besser, wenn er nichts von den Fallen weiß«, fügte Chris hinzu. »Sonst verbietet er uns garantiert, in den Wald zu gehen.«

Tina nickte. »Ein bißchen gefährlich ist es ja auch. Aber wir sind schließlich keine Babys mehr. Wir passen schon auf. Spätestens um vier Uhr müssen wir los, wenn wir vor Sonnenaufgang oben sein wollen. Ich stelle mir den Wecker und sage euch Bescheid. Chris würde ihn sowieso nicht hören, der schläft wie ein Murmeltier.«

Tina riß das Schnarren des Weckers mitten aus einem Traum. Barfuß schlich sie zu Jonas und Chris, die heute nacht im selben Zimmer schliefen. Jonas war sofort wach. Mit Chris hatten sie, wie erwartet, ziemliche Mühe. Er war etwas erkältet und schnarchte laut. Kurz entschlossen riß Tina ihm die Decke weg. Das Schnarchen hörte abrupt auf. Chris murmelte etwas Unverständliches, tastete nach der Decke und zog sie dicht um seinen Körper. Gedämpft setzte das Schnarchen wieder ein.

»Bis der wach ist, ist heller Tag«, schimpfte Tina halblaut. »Immer dasselbe mit ihm. Steh auf, du fauler Hund.«

Mühsam wälzte sich Chris aus dem Bett. Sie zogen sich rasch an, Jeans, warme Pullover und Windjacken, nahmen die Schuhe in die Hand und schlichen die Treppe hinunter.

»Paß bei der sechsten Stufe auf«, warnte Chris, »die knarrt fürchterlich. Wir müssen sehen, daß Spotty nichts mitbekommt. Wir können ihn nicht mitnehmen, er verrät uns alle mit seinem Gebell.«

Folgsam zählte Jonas die Stufen und ließ die sechste aus. Dabei geriet er ins Stolpern und wäre um ein Haar die Treppe hinuntergefallen. Im letzten Moment fing er sich und griff geistesgegenwärtig zum Treppengeländer. Es gab ein ziemliches Gepolter. In der Küche begann Spotty zu bellen. Jonas hielt den Atem an.

»Der weckt das ganze Haus auf!« Chris knirschte mit den Zähnen. »Konntest du nicht besser aufpassen? Das fängt ja gut an.«

Oben ging eine Tür auf. Gavin, der erst vor einer knappen Stunde von der Wache gekommen und gerade fest eingeschlafen war, erschien oben am Treppengeländer. Die Kinder preßten sich an die Wand und machten sich so gut es ging unsichtbar.

»Hallo! Ist da jemand?« rief Gavin.

Chris stöhnte leise.

Plötzlich ertönte Tinas Stimme von der Küche her. »Alles in Ordnung, Dad. Ich habe mir nur etwas zu trinken geholt, dabei ist Spotty aufgewacht. Tut mir leid, wenn ich dich gestört habe.«

»Ja, das hast du«, brummte Gavin verärgert. »In der Tat, das hast du.« Er drehte sich auf dem Absatz um und ging zurück in sein Zimmer.

Die Kinder warteten noch einen Moment, dann schlichen sie auf Zehenspitzen aus dem Haus. Wie verabredet, hatte Joe die Pferde gesattelt und gezäumt an einem Baum auf der Obstwiese angebunden. Chris trug einen Rucksack mit Taschenlampen, ein paar Broten und einer Thermosflasche.

»Haben wir auch nichts vergessen?« Tina, schon halb im Sattel, überlegte. »Verdammt, die Felle. Ich muß noch mal zurück.« Sie verschwand in der Scheune und kam rasch wieder, auf dem Rücken einen riesigen Sack. »Los jetzt!«

Um sich nicht durch das Getrappel der Pferdehufe zu verraten, ritten sie die ersten zweihundert Meter im Schritt. Erst als sie weit genug vom Haus entfernt waren, fingen sie an zu traben. Shadow und Chestnut schienen den Weg im Schlaf zu kennen, denn sie griffen trotz der Dunkelheit zügig aus. Jonas hatte Mühe, mitzukommen.

»Zu nah dürfen wir nicht heran mit den Pferden«, sagte Chris leise. »Damit Arnie sie nicht hört.«

Sie versteckten die Pferde unter den Nadelbäumen, die sich am Rand der Weide den Hang hinaufzogen, und banden sie an einen Stamm. Tina holte die Schafsfelle aus ihrem Sack und für jeden eine dunkle Mütze. Alle drei legten sich die Felle um und befestigten sie mit Lederriemen.

»Immer am Boden bleiben, sobald wir Arnie gesehen haben«, schärfte Chris den anderen ein. »Wenn wir nicht zu dicht herankommen, wird er sich von unserer Tarnung täuschen lassen, falls er uns überhaupt sieht. Aber Schafe, die auf zwei Beinen gehen, die fallen ihm bestimmt auf.«

Halb gebückt schlichen sie weiter den Berghang hinauf. »Wir sind jetzt ungefähr an der Stelle, wo wir gestern die Fallen gefunden haben«, wisperte Tina. »Wenn Joe sich nicht geirrt hat, müßte Arnie hier irgendwo sein.«

Sie hielten an und horchten. Jonas sah sich um und versuchte, etwas zu erkennen. In dem ungewissen Dämmerlicht sah alles fremd aus. Nicht weit entfernt sah er einen leuchtenden Punkt, der manchmal hell aufglühte. Mit einem leichten Rippenstoß machte er Tina darauf aufmerksam.

»Das ist eine Zigarette«, stellte sie erfreut fest. »Ich glaube, wir haben Arnie gefunden. Ganz still jetzt! Sobald es etwas heller ist, wird er losgehen. Dann folgen wir ihm.«

Sie krochen noch etwas näher heran und duckten sich hinter einigen Felsbrocken. Trotz der dicken Schafspelze kroch die Kälte der frühen Morgenstunden langsam in alle Glieder. Das unbewegliche Kauern machte es nicht besser. Arnie hat es gut, dachte Jonas neiderfüllt, der kann wenigstens auf und ab laufen und sich die Beine vertreten. Jonas spürte seine Arme und Beine schon gar nicht mehr, sie waren taub und gefühllos geworden.

Der Himmel war immer noch dunkel, aber ein roter Schein breitete sich im Osten über den Bergen

aus und zeigte den Sonnenaufgang an. Arnie warf einen kurzen Blick um sich, griff nach seinem Rucksack und ging los.

»Ganz vorsichtig hinterher! Wenn er sich umdreht, ducken und keine Bewegung«, flüsterte Tina.

Arnie ging geradewegs auf eine der Fallen zu, die die Kinder bereits am Vortag entdeckt hatten, und untersuchte sie. Die Kinder hörten ihn fluchen. Bei der nächsten Falle mußte er ebenfalls feststellen, daß sie zugeschnappt war.

Die drei schlichen näher heran. Dabei trat Chris auf einen dürren Ast. Das Krachen klang in der Stille wie ein Peitschenknall. Arnie fuhr herum.

Mit der Morgendämmerung war leichter Bodennebel aufgekommen, der die dicht an der Erde kauernden Kinder verbarg. Arnie konnte nichts Verdächtiges feststellen. Mit schnellen Schritten ging er weiter.

Die Verfolgung war viel mühsamer, als die drei sich vorgestellt hatten. Behindert durch die Felle und gezwungen, sich in gebückter Haltung und möglichst geräuschlos zu bewegen, kamen sie längst nicht so schnell voran wie Arnie. Der Bodennebel schützte sie zwar davor, entdeckt zu werden, hinderte sie aber gleichzeitig daran, selber klar zu sehen. Jonas, der nicht so gewandt war wie die Zwillinge und die Gegend nicht so gut kannte, blieb immer mehr zurück.

Chris und Tina blieben Arnie immerhin soweit auf der Spur, daß sie sich zwei weitere Stellen einprägen konnten, wo er anhielt, sich hinhockte und irgend etwas tat. Dann verloren sie ihn aus den Augen.

Jonas hatte es inzwischen aufgegeben, die Zwillinge einzuholen. Er wußte nicht einmal, in welcher Richtung er sie suchen sollte. Frierend lehnte er sich an einen Felsen. Da geschah etwas, womit er am wenigsten gerechnet hatte: Arnie lief direkt an ihm vorbei, so dicht, daß Jonas ihn mit der ausgestreckten Hand hätte berühren können. Ein Wunder, daß Arnie ihn nicht entdeckt hatte.

Mit einigen Metern Abstand schlich Jonas hinter ihm her und nutzte so gut wie möglich die Deckung aus, die das Gelände bot. Aber dann, als hätte sich alles gegen ihn verschworen, mußte er niesen. Einen Augenblick versuchte er verzweifelt, den Reiz zu unterdrücken, aber vergeblich. Er schaffte es gerade noch, das Gesicht fest in das Schafsfell zu drücken, als es losging.

Arnie blieb bei dem seltsamen Geräusch sofort stehen und sah sich um. Was war das gewesen?

Zwischen einigen Felsbrocken meinte er ein Schaf zu erkennen, aber sicher war er nicht bei diesen vorbeiziehenden Nebelschleiern. Hatte das gerade geniest? Eigentlich hatte es eher menschlich geklungen. Aber wer sollte sich schon zu dieser Stunde hier draußen herumtreiben?

Mit Tränen der Wut in den Augen beobachtete Jonas, wie Arnie davonging. Die Chance hatte er verspielt, ihm als einziger auf den Fersen zu bleiben. Enttäuscht und wütend ging er langsam zu der Stelle zurück, wo sie die Pferde angebunden hatten.

Chris und Tina warteten schon auf ihn. »Los, nach Hause«, drängte Tina. »Sonst merken Mom oder Dad noch, daß wir nicht im Bett sind. Die beiden Fallen können wir heute nachmittag zuschnappen lassen.«

# Zehn Schafe gerissen

Arnie kehrte mit finsterer Miene nach Hause zurück. Daß von den sechs aufgestellten Fallen vier zugeschnappt waren, und zwar leer, das konnte kein Zufall sein. Da hatte jemand nachgeholfen, jemand, der am Wohlergehen der Wölfe großes Interesse hatte. Und wer das war, da brauchte man nicht lange zu raten. Diese Rothaut natürlich, die es mit den Wölfen hielt und nach Kräften dafür sorgte, daß ihnen keins ihrer geschützten Haare gekrümmt wurde.

Er beschloß, Joe und die Fallen so gut wie möglich im Auge zu behalten. Außerdem würde er die Fallen in der nächsten Nacht besser verstecken.

Am Nachmittag niesten Chris und Jonas um die Wette.

»Ihr habt euch ja eine schöne Erkältung eingefangen«, meinte Helen mitleidig und musterte die bleichen, übernächtigten Gesichter der beiden Jungen. »Am besten legt ihr euch hin und schlaft euch mal ordentlich aus.« Sie brachte den beiden heiße Milch mit Honig, und es war unmöglich, ihrer Fürsorge unbemerkt zu entkommen. Jonas fühlte sich auch viel zu schlapp, um sich zu dem geplanten Ausflug aufzuraffen, und Chris ging es nicht besser.

Tina dagegen zeigte keine Anzeichen von Müdigkeit. »Ihr seid mir schöne Drückeberger«, stellte sie enttäuscht fest. »Dann muß ich wohl allein los. Wie kann man denn ausgerechnet jetzt krank werden?« Sie schüttelte verständnislos den Kopf. Sie selbst fühlte sich pudelwohl und unternehmungslustig.

»Wir haben uns das nicht ausgesucht«, brummte Chris. »Du solltest uns lieber bedauern. Nimm Spotty mit, der paßt auf dich auf. Ich kann ja leider nicht, wie du siehst.« Er sank mit Leidensmiene auf sein Bett und wickelte sich in die Decke.

»Seit wann brauche ich jemanden, der auf mich aufpaßt?« fragte Tina spitz. »Ich komme bestens allein zurecht. Also macht euch ruhig einen gemütlichen Nachmittag, ihr beiden Helden. Ich bin bald zurück.«

Zuversichtlich machte sich Tina auf den Weg. Als sie in die Nähe der ersten Falle kam, nahm sie Spotty an die Leine. Er zerrte daran und wehrte sich gegen die ungewohnte Freiheitsberaubung. Etwas später war Tina der Verzweiflung nahe. Die Fallen waren wie vom Erdboden verschwunden. Keine einzige war mehr zu finden an den Stellen, die sie so mühsam ausgekundschaftet hatten. Es war höchst unwahrscheinlich, daß Arnie sich eines Besseren besonnen und sie reumütig entfernt hatte. Nein, die Erklärung war ganz einfach: Arnie hatte begriffen, daß jemand die Fallen absichtlich unbrauchbar gemacht hatte, und sie einfach woanders hingeschafft.

Tina kraulte Spotty hinter den Ohren. »Das war ein Reinfall, mein Junge«, murmelte sie.

»Nanu, ganz allein, Mädchen?« Wie aus dem Boden gewachsen, stand Arnie vor ihr und lächelte freundlich. »Was machst du denn hier?«

Tina erholte sich rasch von ihrem Schreck. »Ich gehe nur mit Spotty spazieren«, sagte sie.

»Du solltest nicht ohne Begleitung hier herumlaufen«, riet Arnie. »Das ist nicht ungefährlich für ein kleines Mädchen. Hast du Joe irgendwo gesehen? Eine meiner Kühe hat Kolik. Joe versteht sich doch so gut auf Tiere.«

»Joe ist nicht da«, erwiderte Tina wahrheitsgemäß. »Er ist bei Sam Griffith. Eine Kuh kalbt, glaube ich.« Das »kleine Mädchen« zahle ich ihm noch heim, dachte sie wütend.

Arnie sah ihr stirnrunzelnd nach. Merkwürdig, daß sich dieses Mädchen ganz allein hier herumtrieb. Für einen Spaziergang mit dem Hund war es reichlich abgelegen.

Die Wachsamkeit der Rancher hatte überall im Tal stark nachgelassen. Nachdem die letzten beiden Nächte ganz ohne Zwischenfälle verlaufen waren, vermuteten die meisten, das Ganze sei von Anfang an falscher Alarm gewesen. Wahrscheinlich hatten, wie schon so oft, wildernde Hunde ein paar Lämmer gerissen, und die Sache war dann aufgebauscht worden. Keiner hatte länger Lust, sich die Nächte um die Ohren zu schlagen.

Aber am nächsten Morgen schlug ausgerechnet Arnie Alarm. In höchster Aufregung stürzte er auf Gavins Hof und berichtete atemlos, was er am Morgen entdeckt hatte: Wölfe – Arnie nahm an, ein ganzes Rudel – waren durch den Zaun auf seine Weide eingedrungen und hatten sich über die Schafe hergemacht. Dort hatten sie schrecklich gehaust und, wenn man Arnie glauben wollte, praktisch die ganze Herde zerfleischt.

Das war natürlich übertrieben. Als Gavin hinüberritt, um sich mit eigenen Augen von dem Schaden zu überzeugen, drängte sich die recht stattliche Herde zwar unruhig und ängstlich blökend, aber unversehrt in einer Ecke des Pferchs zusammen.

Tatsache war aber, das ließ sich angesichts der blutigen Körper der toten Schafe nicht leugnen, daß zehn Tiere den nächtlichen Räubern zum Opfer

gefallen waren. Gavin war entsetzt. Die Rancher
hier oben in den Bergen von Montana lebten vom
Verkauf ihrer Kälber und Lämmer. Für den Acker-
bau war der Boden wenig geeignet, es reichte höchstens für den Eigenbedarf. Die Rancher konnten ihr
Land praktisch nur als Viehweiden nutzen. Viele
hatten zwar genug zum Leben, aber nicht mehr.
Manche kleineren Rancher waren gezwungen, ne-
benher noch arbeiten zu gehen, um ihre Familien
durchzubringen. Viehverluste in solchen Größen-
ordnungen wären für viele nicht zu verkraften.

Arnie gehörte nicht zu den Ärmsten. Er hatte das
Glück gehabt, Weideflächen für wenig Geld von
der Regierung pachten zu können, und besaß grö-

ßere Schaf- und Rinderherden als die meisten anderen. Aber solch ein Raubzug war auch für ihn eine empfindliche Einbuße. Gavin hatte Verständnis dafür, daß der Nachbar völlig außer sich war.

»Ich habe euch gleich gesagt, weg mit den Wölfen, und zwar ein für allemal«, schimpfte Arnie. »Aber du hast von Gesetz und Recht gefaselt. Für wen denn, frage ich? Zählt ein Wolf mehr als ein Mensch? Weil die Wölfe in Kanada nicht mehr satt werden, kommen sie zu uns herüber und machen sich über unsere Tiere her. Das ist doch hier wie ein gedeckter Tisch für die. Das ist erlaubt. Aber wenn ich mich wehre, mache ich mich strafbar. Merkwürdige Gesetze sind das. Damit einige Städter aus wildfremden Ländern herfahren und nachts mal einen Wolf heulen hören können, sollen wir an den Bettelstab gebracht werden.« Erschöpft von seiner langen Rede, wischte sich Arnie den Schweiß von der Stirn.

Gavin fand den Bettelstab zwar reichlich übertrieben, zumindest was Arnie betraf, aber dessen Argumente waren nicht von der Hand zu weisen. Er schlug vor, sich an die Regierung zu wenden, oder besser zunächst an die Leitung des Nationalparks. Sicherlich würde man dort einsehen, daß es so nicht weitergehen konnte.

Arnie winkte verdrossen ab. »Lebensfremde Bürokraten allesamt. Die reden nur und tun nichts. Ich nehme die Sache selbst in die Hand, das sage ich dir. Und du solltest das besser auch tun. Oder kannst du es dir etwa leisten, ein Wolfsrudel zum Essen einzuladen? Stell dir vor, die fallen morgen über deine Kälber her.«

Gavin rieb sich sorgenvoll die Stirn. Nächste Woche stand der Viehtrieb an; ein Teil der diesjährigen Kälber wurde für den Markt zusammengetrieben. Vom Erlös des Verkaufs hing die Existenz der Ranch für das nächste Jahr ab. Trotzdem war er mit Arnies Plan nicht einverstanden. Auch die Wölfe hatten ein Recht zu leben, wenn auch nicht um jeden Preis. Gavin beschloß, auf jeden Fall Kontakt mit dem Nationalpark aufzunehmen.

Wie sich zeigte, war das aber gar nicht nötig. Kaum war Gavin zu Hause, da legte ihm Helen einen Zettel mit einer Telefonnummer hin.

»Ernest Cross«, sagte sie. »Ein Wildhüter aus dem Glacier Nationalpark. Es handelt sich um die Wölfe, und ob es dir paßt, wenn er in den nächsten Tagen mal vorbeikommt. Du möchtest zurückrufen und ihm Bescheid sagen.«

Verwundert starrte Gavin auf den Zettel. Wieso wußten die denn schon Bescheid?

## Wolf und Mensch

*Seit Jahrhunderten spielt der Wolf in Märchen und Sagen vieler Völker eine wichtige Rolle – als Freund oder Feind des Menschen. Er wird mit Furcht und Bewunderung betrachtet: In der germanischen Sage ist der Wolf Begleiter des Göttervaters und als Fenriswolf zugleich der gefährlichste Dämon. Im alten Griechenland und in den nordischen Ländern war er gefürchtet als Beutejäger und wegen seiner Schnelligkeit. Der böse Wolf in »Rotkäppchen« wurde zum Erzfeind. Als Freund dagegen erscheint er im alten Rom: Der Legende nach hat eine Wölfin Romulus und Remus gesäugt, die Begründer Roms. In Indien werden bis heute Geschichten von Wolfskindern erzählt – Menschenkinder, die im Wolfsrudel aufgezogen wurden. Auch bei den Indianern und Eskimos haben Wölfe oft eine positive mythische Bedeutung. In Europa gab es im Mittelalter regelrechte Wolfsprozesse, in denen die »Untiere« meist zum Feuertod verurteilt wurden. Es entstanden Horrorgeschichten über Werwölfe – Menschen, die sich in Wölfe verwandelten. Erst im 20. Jahrhundert begann sich hier das Wolfsbild allmählich zu verändern. So wurde z. B. in dem Film »Teenwolf« aus dem blutrünstigen Werwolf der »nette Teenie von nebenan«.*

# Tina in der Falle

Chris und Jonas waren immer noch krank und lungerten hustend und niesend in ihrem Zimmer herum, Chris vor dem Fernseher, Jonas auf dem Bett. Er las zum drittenmal den Brief, der am Morgen angekommen war. Sein Vater schrieb eine Menge Neuigkeiten über die Wölfe. Jonas wußte jetzt genau Bescheid, wie viele in Osteuropa lebten und auf welchen Wegen sie aus Polen nach Deutschland kamen. Es schien so, daß nicht alle Wölfe in Brandenburg erschossen worden waren, zumindest gab es Hinweise darauf, daß eine Wölfin mit Welpen dort noch lebte. Sein Vater war zuversichtlich, daß es gelingen würde, diese Tiere am Leben zu erhalten. Obwohl manche Leute durchaus nicht begeistert waren von der Idee.

Es war aussichtslos, die beiden Jungen aus ihrem Zimmer zu locken. Tina fand sie in ihrem Zustand auch eher hinderlich als nützlich. Natürlich war es viel schwerer, die Verstecke der Fallen allein aufzustöbern. Sie beschloß, Spotty wieder mitzunehmen.

Es war ein sonniger, aber kühler Tag, der Himmel strahlend blau. Tina machte sich zu Fuß auf den Weg. Falls Arnie sich da oben herumtrieb, könnte er leicht auf das Pferd stoßen, das sie irgendwo anbinden mußte, und dann nach dem Reiter Ausschau halten. Arnie sollte auf keinen Fall merken, daß sie schon wieder in der Gegend herumschnüffelte.

Da sie keine Ahnung hatte, wo sie suchen sollte, ging Tina aufs Geratewohl los und vertraute sich Spottys Instinkt an. Der Hund war begeistert über den Ausflug, rannte eifrig hin und her, stöberte hier ein Murmeltier, dort einen Blauhäher oder ein Eichhörnchen auf. Nach einer Weile nahm Tina ihn an die Leine. Schließlich wollte sie nicht, daß er selber in eine Falle geriet.

Entrüstet zerrte Spotty Tina vorwärts. Plötzlich blieb er stocksteif stehen. Sein Nackenhaar sträubte sich, dann richteten sich entlang des Rückgrats nach und nach alle Haare auf. Er knurrte aus tiefster Kehle und war nicht dazu zu bringen, auch nur einen Schritt weiterzugehen.

»Was hast du denn, Spotty? Ist doch weit und breit nichts zu sehen.« Tina begriff nicht, was den Hund derart außer Fassung brachte. Als sie weitergehen wollte, knurrte er lauter und versuchte, sie mit den Zähnen zurückzuhalten.

»He, laß meine Hose los«, schimpfte sie. »Was ist bloß in dich gefahren?«

Vorsichtig sah sie sich nach allen Seiten um, konnte aber nichts Ungewöhnliches entdecken. Der Hund schien auf ein Gestrüpp zu starren, das um einen umgestürzten Baumstamm wucherte.

Langsam und behutsam ging sie Schritt für Schritt darauf zu. Sie mußte die Leine loslassen, denn Spotty ließ sich nicht mitziehen. Sein Knurren ging in ein Jaulen über. Noch immer rührte er sich nicht vom Fleck, nur seine Augen flehten Tina an, endlich stehenzubleiben. Tina wurde es immer unheimlicher. Auf Zehenspitzen, um ja kein Geräusch zu verursachen, näherte sie sich dem kniehohen Strauchwerk und versuchte, hineinzuspähen. Was immer dort verborgen war, mußte hinter dem Baumstamm sein, denn sie konnte nichts sehen. Beherzt machte sie ein paar weitere Schritte und erstarrte. Ihr Atem stockte.

Vor ihr lag ausgestreckt ein Wolf. Als er das Mädchen sah, versuchte er instinktiv, die Flucht zu ergreifen. Er wich zurück, so weit er konnte, mit gesträubtem Nackenhaar, die messerscharfen Zähne drohend gefletscht. Die linke Vorderpfote steckte in einem Tellereisen.

Die plötzliche, unwillkürliche Rückwärtsbewe-

118

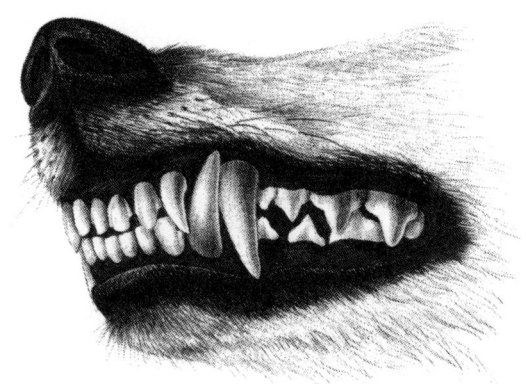

gung des Wolfs zerrte an seinem gefesselten Lauf und zwang ihn dazu, liegenzubleiben. Die bernsteinfarbenen Augen auf das Mädchen geheftet, fing er an zu knurren und zeigte angriffsbereit die Zähne. Komm mir bloß nicht zu nahe, hieß das, ich bin immer noch stark und gefährlich.

Tinas erstes Gefühl war Angst. Ihr erster Gedanke war Flucht, und genauso instinktiv wie der Wolf wich sie zurück. Dann wurde ihr klar, daß der Wolf in seiner Lage völlig ungefährlich war, vorausgesetzt, sie blieb außer Reichweite seiner Fangzähne. Seine Bewegungsfreiheit war durch das Eisen um seinen Lauf so eingeschränkt, daß er wie festgenagelt war.

Tina blieb regungslos stehen und beobachtete das Tier. Das Knurren ließ nach. Der Wolf legte den

Kopf auf den Boden und winselte leise. Die verletzte Pfote mußte ihm sehr weh tun. Wahrscheinlich hatte er schon eine ganze Weile an der Falle gezerrt und herumgebissen und versucht, sich zu befreien. Jetzt schien er erschöpft zu sein. Jedenfalls lag er bewegungslos da und machte keinen Versuch, aus der stählernen Klammer zu entkommen. Seine vergeblichen Bemühungen hatten ihm sicher gezeigt, daß er es dadurch bloß schlimmer machte. Nur die Schwanzspitze zuckte leicht, und die Augen waren immer noch wachsam auf Tina gerichtet.

Tina überlegte fieberhaft. Ob es möglich war, das Eisen zu öffnen? Das Schließen der Fallen war ja ganz einfach gewesen, aber ob das umgekehrt auch galt? Allerdings müßte sie dazu so nahe an den Wolf herankommen, daß seine Zähne sie packen konnten, und das war unmöglich. Sie konnte dem Wolf auf keine Weise begreiflich machen, daß sie ihm nur helfen wollte. Allein konnte sie nichts ausrichten. Das beste war, sofort zur Ranch zurückzukehren und Joe Bescheid zu sagen.

Ohne den Wolf aus den Augen zu lassen, ging Tina im Zeitlupentempo rückwärts. Sie wollte sich gerade umdrehen, da geschah es: Ihr rechter Fuß trat auf etwas Hartes, Unnachgiebiges, ein fester Schlag – sie saß fest.

Tina schrie gellend auf. Ein jäher, scharfer Schmerz trieb ihr die Tränen in die Augen. Sie stürzte in das Gestrüpp.

Chris und Jonas langweilten sich. Fernsehen war ja ganz schön, aber den ganzen Tag?

»Wo Tina nur bleibt?« fragte Jonas zum fünftenmal und sah aus dem Fenster. »Sie müßte doch längst zurück sein.«

»Die macht sich da draußen mit Spotty einen schönen Tag und hat uns ganz vergessen«, knurrte Chris.

»Mir geht's eigentlich wieder prima«, meinte Jonas. »Ich habe keine Lust mehr, hier rumzuhängen.« Er sah auf die Uhr. »Menschenskind, Tina ist jetzt schon über vier Stunden weg.«

»Sei mal still«, zischte Chris. »Da ist etwas an der Tür. Hörst du nicht? Das muß Spotty sein.«

Chris öffnete. Spotty sprang mit einem Satz ins Zimmer und Chris gegen die Brust, daß er rücklings auf das Sofa plumpste.

»Junge, ist das eine stürmische Begrüßung.« Chris japste nach Luft und versuchte, Spotty abzuwehren. Er grinste geschmeichelt. »Als hätte er mich jahrelang nicht gesehen. Der Hund weiß eben, wer sein Herr ist.« Voll Besitzerstolz tätschelte er

Spotty den Kopf. Der Hund wich zurück und rannte zur Tür.

»Er will raus«, bemerkte Jonas etwas einfältig.

»Aber wieso denn? Da kommt er doch gerade her. Vier Stunden Spaziergang mit Tina, und er hat immer noch nicht genug?« Chris schüttelte verwundert den Kopf. »Wo ist Tina denn überhaupt?«

Spotty spitzte die Ohren und fing an zu bellen. Er sprang an Chris hoch, rannte zur Tür und wedelte heftig mit dem Schwanz.

»Was hängt denn da um seinen Hals? Schau dir das an, Jonas. Das ist Tinas Kette mit dem Delphinanhänger, die sie dauernd trägt. Die spinnt wohl, Spotty ihre Klunkern um den Hals zu hängen.« Er nahm dem Hund die Kette ab und hielt sie Jonas hin.

»Wenn du mich fragst«, antwortete Jonas langsam, »hier stimmt etwas nicht. Tina ist weg, Spotty bringt ihre Kette an und benimmt sich wie ein Verrückter. Da ist etwas nicht in Ordnung, sage ich dir. Spotty will, daß wir mitgehen, und das machen wir jetzt.« Er angelte nach den Schuhen unter seinem Bett und fing an, sie anzuziehen.

»Du bist der geborene Angsthase«, spottete Chris. »Was du dir da zusammenphantasierst! Gar nichts ist passiert, das sage ich dir. Tina hat sich einen Spaß erlaubt, um uns aus der Bude zu locken. Die hockt jetzt irgendwo und lacht sich ins Fäustchen, darauf gehe ich jede Wette ein.«

Mit Mühe gelang es Jonas, den Cousin zu überzeugen, daß sie Spotty folgen müßten.

»Na schön, suchen wir halt«, gab Chris schließlich nach. »Aber ich sage dir, das Ganze ist nur ein Spaß. Ich kenne meine Schwester.«

Leise gingen sie hinter dem ungeduldigen Spotty die Treppe hinunter. Allerdings nicht leise genug.

»Wo wollt ihr denn hin?« Helen erschien am Fuß der Treppe. »Wozu habt ihr Stiefel an? Ihr wollt doch wohl keinen Ausflug machen.«

»Nur ein bißchen in die Gegend, Mom«, sagte Chris. »Wir sind bald wieder da.«

»Kommt nicht in Frage. Heute morgen habt ihr noch Fieber gehabt. Wenn es euch wirklich bessergeht, könnt ihr morgen raus. Für heute ist es sowieso zu spät.«

Den beiden Jungen blieb nichts anderes übrig, als wieder in Chris' Zimmer zu gehen. Spotty folgte nur widerstrebend. Er bellte und kratzte ungeduldig an der Tür.

Auch Chris fand jetzt das Verhalten des Hundes besorgniserregend. »Wir klettern aus dem Fenster«, sagte er und ließ Spotty hinaus.

Chris war bereits beim Abstieg, und Jonas hing gerade mit einem Bein in der Krone des Kirschbaums, mit dem anderen auf dem Fensterbrett, als Helen im Hof erschien. Sie suchte sich einen Platz mit allerbester Aussicht, natürlich auf den Kirschbaum, setzte sich und fing an, Bohnen zu putzen, einen Riesenkorb vor ihren Füßen. Jonas zog eilends sein Bein wieder ins Zimmer. Zwei Minuten später kletterte Chris über die Fensterbank und ließ sich aufs Bett fallen.

»Das dauert Stunden, bis sie mit den Bohnen fertig ist. Und was nun? Wir können nicht weg, ohne daß sie es mitkriegt.«

»Und wenn wir ihr einfach sagen, was wir vorhaben?« schlug Jonas vor. »Dann läßt sie uns doch bestimmt gehen.«

»Bloß nicht«, wehrte Chris ab. »Wenn Mom hört, daß Tina verschwunden ist, dreht sie durch. Gerade jetzt, wo alle in Aufregung sind wegen der Wölfe.«

»Aber irgendwas müssen wir doch tun!«

Chris überlegte nicht lange. »Joe muß gehen. Das ist die einzige Möglichkeit. Er ist drüben im Stall, ich habe ihn vorhin hineingehen sehen. Jeden Moment muß er wieder herauskommen.« Er lehnte sich so weit es ging aus dem Fenster.

Kurze Zeit später trat Joe aus der Stalltür auf der gegenüberliegenden Seite des Hofs und schreckte zurück. Neben seinem Kopf schwirrte es. Ein Indianerpfeil steckte mit zitterndem Schaft neben ihm in der Stallwand. Stirnrunzelnd zog Joe den Pfeil heraus. Seltsame Späße machten diese Kinder. Er bemerkte, daß ein Zettel am Schaft hing. Aha, wohl eine Geheimbotschaft. Neugierig faltete er das Blatt auseinander.

»Bitte, Joe, geh sofort mit Spotty los, um Tina zu suchen. Spotty wird dich führen, er weiß, wo sie ist. Wir können nicht, da wir Gefangene der großen weißen Squaw sind.« Unterschrift: Chris und Jonas.

Joe grinste, steckte den Zettel ein und sah sich nach Spotty um, der es äußerst eilig zu haben schien. Er sprang an Joe hoch, blaffte kurz, rannte voraus und kam gleich wieder zurück, mehrmals hintereinander. Seine Botschaft war so klar zu verstehen, als hätte er sie ausgesprochen. Beeil dich gefälligst, wir haben schon viel zuviel Zeit vertrödelt.

Joe beschloß, Gavin Bescheid zu sagen. Sie mußten Tina so schnell wie möglich finden. Vielleicht war sie verletzt. »Ganz ruhig, ich komme ja schon«, sagte er zu dem Hund und ging los.

## Sozialverhalten

Wölfe sind gesellige Tiere, die auch gern spielen. Durch Gesichtsausdruck und eine ausgeprägte Lautsprache können sie unterschiedliche Stimmungen ausdrücken. Der Rang, den ein Wolf im Rudel einnimmt, läßt sich aus seiner Körperhaltung ablesen. Ein hocherhobener Kopf und steil aufgerichteter Schwanz zeigen Überlegenheit und ranghohe Stellung. Ein rangniederer Wolf hält den Kopf gesenkt, den Rücken gekrümmt und den Schwanz zwischen die Beine geklemmt. Bei den Rangkämpfen kommt es selten zu ernsthaften Verletzungen. Der unterlegene Wolf löst durch die Demutshaltung eine Beißhemmung aus: Er legt sich auf den Rücken und bietet dem Angreifer die ungeschützte Kehle dar.

Wölfe können winseln, wuffen (als Warnung), knurren, schreien – und vor allem heulen. Das Heulen dient auch dazu, über größere Entfernungen Kontakt zum Rudel zu halten oder einem fremden Rudel zu zeigen, daß das Revier besetzt ist.

Für die Aufzucht der Jungen übernehmen alle Mitglieder eines Rudels Verantwortung. Ist die Mutter mit bei der Jagd, bleibt ein »Babysitter« bei den Welpen.

Tina hatte schnell gemerkt, daß sie sich aus eigener Kraft nicht befreien konnte. Die Eisenbügel der Falle ließen sich keinen Millimeter bewegen, und der eingeklemmte Fuß schmerzte bei jedem Versuch, ihre Lage zu verändern, noch mehr. Glücklicherweise hatte ihr fester Lederstiefel das Schlimmste abgefangen. Nur an einer Stelle hatte ein Eisendorn das Leder durchbohrt. Ihre einzige Hoffnung war, daß Spotty Hilfe holte. Es war nicht leicht gewesen, ihn so dicht heranzulocken, daß sie ihm die Kette umlegen konnte. Winselnd und mit eingeklemmtem Schwanz stand er da und wagte sich nicht näher an den Wolf in der anderen Falle heran. Aber schließlich schien er verstanden zu haben. Er leckte Tina die Tränen ab, die ihr übers Gesicht liefen. Noch nie hatte sie sich so über eine Berührung gefreut, obwohl sie sonst Hundezungen im Gesicht nicht mochte. »Lauf heim, Spotty«, hatte sie gesagt. »Hol Chris.«

Und nun war sie allein, das heißt, nicht ganz allein. Zum erstenmal betrachtete sie den Wolf genauer, der ihr unfreiwillig Gesellschaft leistete. Sie hatte noch nie einen Wolf gesehen. Dieser hier ähnelte einem Schäferhund, aber irgendwie merkte man sofort, daß er kein Hund war. Er hatte dichtes, langes Fell, am Rücken und an den Flanken grau, mit weißen und hellbraunen Haaren vermischt, an der Kehle beinah weiß. Die lange, spitze Schnauze hatte die Farbe von hellbraunem Zimt, ebenso die schmalen Beine. Die Zähne waren furchterregend, vor allem die Eckzähne, spitz, leicht gebogen und sicher fast fünf Zentimeter lang.

Am Anfang hatte der Wolf eine sehr grimmige Miene aufgesetzt, mit hochgezogenen Lefzen die Zähne entblößt, damit Tina ihm bloß nicht zu nahe kam. Inzwischen hatte er wohl begriffen, daß ihm von ihrer Seite keine Gefahr drohte. Er sah jetzt weniger bedrohlich aus, starrte das Mädchen aber unverwandt an.

Seltsamerweise hatte Tina keine Angst mehr vor ihm, je länger ihre gemeinsame Gefangenschaft dauerte. Im Gegenteil, sie war froh, daß sie nicht ganz allein war, daß sich ein lebendes Wesen bei ihr befand, auch wenn sie sich gegenseitig nicht helfen konnten.

Die Zeit verging. Tina merkte es kaum. Sie fing an, mit dem Wolf zu sprechen, ihm alles mögliche zu erzählen. Er spitzte die Ohren und betrachtete sie aufmerksam.

Irgendwann sah Tina auf ihre Armbanduhr. Sie stellte erschrocken fest, daß Spotty nun schon seit Stunden fort war.

»Er muß gleich kommen«, sagte sie laut. »Du wirst sehen, Wolf, es dauert nicht mehr lange, dann kommt jemand und befreit uns.« Sie stockte. Was sagte sie da? Wer hierherkam, der würde *sie* befreien, das war klar, aber den Wolf?

Angenommen, Arnie käme jetzt vorbei, um seine Fallen zu kontrollieren. Der wäre begeistert über die Gelegenheit, endlich einem seiner schlimmsten Feinde persönlich den Garaus zu machen. Und ihr Vater? Was würde Gavin tun? Tina wagte es sich nicht vorzustellen. Und selbst wenn Gavin sich dazu entschließen würde, den Wolf aus der mörderischen Falle zu befreien, was sollte dann aus ihm werden? Joe hatte deutlich gesagt, was ihm bevorstünde: ein elendes Ende. Der Wolf war zum Tode verurteilt.

Über diesem Gedanken vergaß Tina völlig ihr eigenes Elend. Auf keinen Fall würde sie tatenlos zusehen, wie er jämmerlich zugrunde ging oder von einem aufgebrachten Schafzüchter erschossen wurde. Allerdings hatte sie keine Ahnung, wie sie das verhindern sollte.

Die Sonne stand schon ziemlich tief. Bald würde es dunkel sein. Wenn sie bis dahin nicht gefunden worden war...

Plötzlich spitzte der Wolf die Ohren und hob den

Kopf. Er sah wachsam und angespannt aus, jede Faser seines Körpers war in Alarmbereitschaft.

»Was hast du denn? Sicher ist nur ein Pfeifhase oder ein Murmeltier vorbeigehuscht«, sagte Tina ohne viel Hoffnung.

Dann hörte sie es auch: unverkennbar das Gebell eines Hundes, laut und ganz in der Nähe. »Spotty! Spotty!« Tina winkte mit beiden Armen.

Der Hund schoß durch die Büsche und ihr direkt in die ausgebreiteten Arme, so daß Tina hintenüber fiel. Sofort war der Wolf hellwach und kampfbereit und knurrte bedrohlich, die Zähne entblößt.

Tina richtete sich schwerfällig halb auf. Vor ihr stand Joe, und daneben – ihr Vater, das Gewehr im Anschlag. Die Mündung war auf den Wolf gerichtet.

»Daddy, nicht! Du darfst nicht schießen!« schrie Tina entsetzt. »Der Wolf ist gefangen, genau wie ich. Der tut niemandem etwas.«

Gavin ließ das Gewehr sinken und hockte sich neben seine Tochter. Wortlos nahm er sie in die Arme. Dann untersuchte er das Eisen, das ihren Fuß umklammerte.

»Paß auf, Tina, ganz ruhig. Es tut gleich einen Moment weh, aber dann ist es vorbei.«

So zuversichtlich, wie er sprach, war Gavin

nicht. Ob es für Tina gleich vorbei sein würde, war höchst fraglich; er wußte genug über die Wirkung derartiger Fallen. Mit zusammengebissenen Zähnen beugte sich Gavin über Tinas Fuß, griff mit beiden Händen nach dem Eisenbügel und zog. Der Bügel öffnete sich. Tina war frei. Sie blieb sitzen, wo sie war, und wartete mit geschlossenen Augen, die Fingernägel in die Handflächen gepreßt, bis der Schmerz nachließ. Gavin versuchte vorsichtig, ihr den Stiefel auszuziehen, aber das war zuviel.

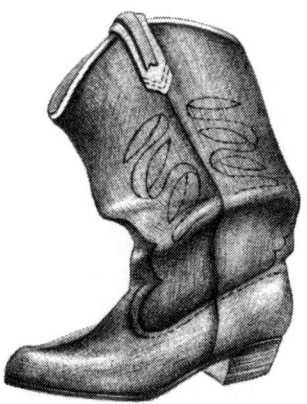

»Nicht, Daddy! Das tut schrecklich weh!«

Er hörte sofort auf.

»Du mußt auf der Stelle ins Krankenhaus«, sagte er, bemüht, das Zittern in seiner Stimme zu unterdrücken. »Ich bringe dich runter zur Ranch. Leg deine Arme um meinen Hals und halt dich gut fest.« Behutsam nahm er Tina auf die Arme und wandte sich zum Gehen.

»Und was passiert mit ihm?« Tina zeigte auf den Wolf.

»Joe wird sich darum kümmern.« Gavin warf Joe einen vielsagenden Blick zu und zeigte auf das Gewehr, das noch zu seinen Füßen lag.

Joe nickte. Er hatte noch kein Wort gesagt.

»Aber du tust ihm nichts, Joe? Du holst ihn doch da raus?« rief Tina.

»Ich kümmere mich um den Wolf«, versprach Joe leise. Er sah hinter Gavin her, der mit Tina auf den Armen langsam den Hang hinabstieg. Dann bückte er sich und hob das Gewehr auf.

Es dauerte noch lange, bis Tina im Krankenhaus war, denn das lag etwa vierzig Kilometer entfernt in der nächsten Stadt. An die Fahrt erinnerte sie sich später kaum; was sie im Gedächtnis behielt, war das Gefühl der Geborgenheit, das sie empfand, als Gavin sie auf den Armen zur Ranch hinuntertrug.

Die Verletzung war nicht so schwer, wie Gavin befürchtet hatte. Das Schwierigste war, den Stiefel abzukriegen; er mußte der Länge nach aufgeschnitten werden. Dann wurde der Fuß geröntgt. Eine junge Ärztin kam herein, studierte die Röntgenaufnahme und meinte aufmunternd, da habe Tina ja noch einmal Glück gehabt. Der dicke Lederstiefel habe das Schlimmste verhindert. Aber laufen würde sie eine Zeitlang nicht können, bis die Wunde verheilt und Quetschungen und Blutergüsse zurückgegangen waren.

# Was wird aus dem Wolf?

In der Morgendämmerung des nächsten Tages machte sich Arnie früh auf den Weg, um nach seinen Fallen zu sehen. Die ganze Aufregung wegen der Schafe hatte ihn am Vortag so in Atem gehalten, daß er nicht dazu gekommen war. Folglich hatte er auch keine Ahnung, was sich dort zugetragen hatte. In finstere Gedanken versunken, suchte er der Reihe nach seine Fangplätze auf. Wenigstens schien sich diesmal niemand an den Fallen vergriffen zu haben, stellte er befriedigt fest. Die ersten drei waren unberührt, leider aber leer.

Dann kam er zu dem umgestürzten Baumstamm, wo er mit voller Absicht zwei Tellereisen dicht hintereinander verborgen hatte. Da er Joe verdächtigte, die Eisen heimlich unbrauchbar zu machen, hatte er ihm selbst eine Falle gestellt. Wenn er sich an einem der Eisen zu schaffen machte, mußte er fast sicher in das andere treten. Und das, fand Arnie, würde ihm ganz recht geschehen. Sollte er doch seine Finger von anderer Leute Sachen lassen.

Beide Tellereisen waren ebenfalls leer, wie Arnie mit einem Blick feststellte. Unberührt aber waren sie nicht: Beide waren zugeschnappt. Arnie fluchte vor sich hin, während er sie genauer untersuchte. Plötzlich pfiff er durch die Zähne und berührte vorsichtig die Eisenzähne. Das konnte doch nicht wahr sein! An dem Metall klebten Blut und Haare.

»Wenn das keine Wolfshaare sind, dann will ich nicht Arnie heißen«, sagte er laut zu sich selbst. »Da war einer drin, das ist sicher. Aber wo ist er hin? Seit wann können sich Wölfe aus eigener Kraft aus Tellereisen befreien?«

Tinas erster Gedanke am Morgen galt ihrem Fuß. Er klopfte und pochte und erinnerte sie schmerzlich daran, was am Tag zuvor passiert war. Ihr zweiter Gedanke war der Wolf. Was hatte Joe mit ihm gemacht? Das mußte sie sofort herausfinden.

Sie wollte mit gewohntem Schwung aus dem Bett steigen, aber das war nicht möglich. Jede Bewegung des geschwollenen Fußes tat weh, und an Aufstehen war gar nicht zu denken. Tina wollte gerade rufen, um sich bemerkbar zu machen, da öffnete sich leise die Tür. Ihr Vater steckte den Kopf ins Zimmer.

»Du bist ja schon wach«, begrüßte er Tina. »Wie geht es dir? Tut der Fuß noch sehr weh?«

»Mir geht's ganz gut«, antwortete Tina ungeduldig. »Aber dem Wolf, wie geht's dem?«

Gavin setzte sich auf die Bettkante und nahm ihre Hand. »Schau, Tina«, begann er unbeholfen und streichelte ihre Finger, »ein Tier, das in ein Tellereisen geraten ist, hat doch gar keine Chance. Du mußt verstehen...«

Tina fiel ihm ins Wort. »Ich muß gar nichts verstehen«, sagte sie heftig. »Was meinst du damit, er hat keine Chance? Willst du sagen, daß du ihn erschossen hast?«

»Tina, jetzt hör mir bitte mal zu.« Gavins Stimme wurde energischer. »Ich habe das Tier nicht erschossen. Wann hätte ich das denn tun sollen? Joe hat sich darum gekümmert.«

»Wie hat er sich denn gekümmert?« fragte Tina bitter. »Jetzt sag mir doch endlich die Wahrheit. Was habt ihr mit ihm gemacht?«

Gavin seufzte und ließ ihre Hand los. »Du solltest dir darüber keine Gedanken mehr machen. Schließlich hat der Wolf wirklich genug Schaden angerichtet. Viel wichtiger ist, daß du noch einmal davongekommen bist. Der Fuß hätte zertrümmert sein können. Hauptsache ist, daß du bald wieder auf die Beine kommst. Schlaf noch ein bißchen. Wenn du ausgeruht bist, sieht die Welt gleich anders aus.« Er stand auf und strich Tina über die Stirn. Dann ging er leise hinaus.

Tina blieb verstört zurück. Wie konnte sie schlafen, solange sie nicht wußte, was mit dem Wolf passiert war? Sie sah seine Bernsteinaugen vor sich, klug, wachsam und wild. »Der hat doch sowieso keine Chance mehr.« Dieser Satz ging ihr immer wieder durch den Kopf.

Sie mußte Joe erwischen, wenn er zum Frühstück in die Küche kam. Sonst war er womöglich erst am Abend wieder aufzutreiben. Es war zu dumm, daß sie mit dem verletzten Fuß nichts, aber auch gar nichts selber machen konnte, sondern für jede Kleinigkeit auf Hilfe angewiesen war. Hoffentlich waren wenigstens die Jungen schon wach. Ungeduldig schlug Tina mit der Faust an die Wand, die ihr Zimmer von dem ihres Bruders trennte.

Endlich hatte ihr Trommelfeuer Erfolg. Die Tür ging auf, und Chris kam im Schlafanzug herein. »Wo brennt's denn? Wozu donnerst du dauernd an die Wand? Ich wäre beinahe aus dem Bett gefallen«, sagte er vorwurfsvoll.

»Ich muß dringend Joe sprechen«, erwiderte Tina kurz angebunden. »Jetzt auf der Stelle. Holst du ihn bitte mal her? Ich kann mich überhaupt nicht rühren mit meinem blöden Fuß.«

»Laß mich mal sehen.« Chris beugte sich über den verbundenen Fuß. »Tut es sehr weh?« fragte er.

»Nicht besonders«, wehrte Tina ungeduldig ab.
»Ich muß Joe sprechen. Warum, erzähle ich dir
später. Beeil dich. Er soll noch vor dem Frühstück
raufkommen.«

»Okay, ich werde ihn für dich auftreiben.« Chris
verschwand auf dem Gang. In bemerkenswert kurzer Zeit war er zurück und brachte Joe und Jonas
mit.

Der junge Indianer blieb abwartend an der Tür stehen.

»Komm rein, Joe, und mach die Tür zu. Ich will nicht, daß Dad etwas mitkriegt von unserem Gespräch.« Tina machte eine kurze Pause, dann fragte sie mit gepreßter Stimme: »Was hast du mit ihm gemacht, Joe?«

Joe antwortete nicht; seine dunklen Augen verrieten nicht, was er dachte.

»Du mußt es mir sagen, Joe. Ich habe ein Recht darauf, es zu erfahren«, drängte Tina. »Hast du ihn erschossen?«

Jonas erschrak. Wovon redete Tina da? Wen sollte Joe erschossen haben? Gespannt sah er von einem zum andern.

Joe schwieg immer noch und betrachtete seine Zehenspitzen.

»Du kannst Vertrauen zu uns haben«, versicherte Tina. »Wir werden nichts verraten, niemandem. Ehrenwort.«

Chris und Jonas nickten heftig Zustimmung, obwohl sie keine Ahnung hatten, was sie nicht verraten würden.

Joe blickte auf. »Ich habe ihn weggebracht«, erwiderte er. »An einen Ort, wo ihn niemand finden wird.«

Tina entspannte sich sichtlich und sank in ihr Kissen zurück. »Und wie geht es ihm? Wird er wieder gesund?«

»Moment mal!« Chris hatte langsam genug von diesen Andeutungen. »Wovon redet ihr eigentlich? Ich verstehe kein Wort.«

Tina holte tief Luft und erzählte.

»Ein Wolf? Du hast einen Wolf versteckt, Joe? Einen echten, wilden Wolf?« fragte Chris fassungslos. »Wie hast du das denn gemacht?«

»Ich habe ihm etwas eingegeben, was ihn eine Zeitlang betäubt hat«, berichtete Joe. »Dann habe ich ihn aus der Falle befreit und versteckt. Die Pfote ist gebrochen, aber nicht völlig zerschmettert. Ich habe eine Schiene angelegt. Wenn der Wolf Glück hat, heilt der Bruch wieder. Aber bis dahin darf er nicht herumlaufen.«

Jonas konnte es kaum fassen. Ein lebendiger Wolf!

»Und wenn ihn jemand findet?« erkundigte sich Tina ängstlich. »Dad ist der Meinung, das beste wäre, ihn zu erschießen. Und wenn Arnie dahinterkommt, daß wir einen Wolf versteckt haben, ist es erst recht aus mit ihm.«

»Den wird keiner finden. Er ist in einer alten Holzhütte oben in den Bergen, die schon lange nicht mehr benutzt wird«, erklärte Joe. »Ich glaube nicht, daß jemand von der Hütte weiß. Ich habe sie vor Jahren durch Zufall entdeckt, als ich vor einem Gewitter Schutz suchte. Sie ist nicht sehr weit von der Schafweide entfernt, aber hinter Felsen versteckt.«

»Nimmst du uns mit, wenn du das nächste Mal hingehst?« fragte Jonas hoffnungsvoll.

Joe schüttelte den Kopf. »Je mehr Leute dort rumlaufen, desto mehr fällt es auf. Außerdem wird der Wolf morgen abgeholt. Ich habe einen Wildhüter angerufen. Wenn das Tier wieder in Freiheit leben soll, darf es so wenig wie möglich mit Menschen in Berührung kommen.«

»Wo soll er denn hin?« fragte Tina besorgt. »Er ist doch ganz hilflos und kann nicht jagen.«

»Er kommt in ein Freigehege, wo er unter Beobachtung ist, ohne daß er es merkt«, erklärte Joe. »Sobald das Bein in Ordnung ist, wird er freigelassen.«

»Aber wenn außer dir niemand das Versteck kennt, ist das gefährlich«, gab Jonas zu bedenken. »Der Wolf muß doch mit Fressen und Wasser versorgt werden. Was ist, wenn du verhindert bist oder dieser Wildhüter nicht kommt? Dann muß er jämmerlich verdursten.«

Der Einwand war nicht zu widerlegen. Joe gab nach kurzem Zögern nach. »Okay, du hast recht. Ich gehe nachher hin, meinetwegen könnt ihr mitkommen.«

Die beiden Jungen strahlten. Tina sah verdrossen aus. Unmöglich konnte sie in den Bergen herumklettern, sie schaffte es ja nicht einmal, aus dem Bett zu steigen. Dabei hatte sie den Wolf entdeckt!

Kurze Zeit später brachen Joe und die beiden Jungen auf. Jonas hatte seine Sofortbildkamera im Rucksack. Sein Vater würde Augen machen, wenn er Fotos von einem lebendigen Wolf mitbrächte!

Nach längerem Marsch blieb Joe stehen, obwohl von einer Hütte noch nichts zu sehen war. Zur großen Enttäuschung von Chris und Jonas forderte er die beiden auf, hier zu warten. »Es ist nicht mehr weit, gleich hinter dem Felsen. Im Notfall werdet ihr das Versteck finden.« Er verschwand in einer Felsspalte.

»So ein Mist. Jetzt sind wir den ganzen Weg hier herauf gegangen und kriegen das Vieh nicht mal zu sehen«, murrte Chris. »Wollen wir Joe nachschleichen?«

Jonas sah zögernd auf die Felsspalte. Er brannte darauf, den Wolf zu sehen und ein paar Fotos zu machen. Er drehte sich wieder zu Chris um, der noch unschlüssig dastand, als er in einiger Entfernung eine Bewegung bemerkte. »Chris, da ist etwas«, flüsterte er. »Da drüben.« Er ließ sich zu Boden fallen und kroch hinter einen Felsbrocken.

Mit zwei großen Schritten verschwand Chris in der Felsspalte.

Vorsichtig spähte Jonas über den Rand des Felsens und zog den Kopf blitzschnell wieder zurück. »Bleib bloß, wo du bist, Chris. Dreimal darfst du raten, wer da vorn mit seinem Gewehr auf dem Rücken herumspaziert.«

»Etwa Arnie? Ob er uns gesehen hat?«

Jonas schüttelte den Kopf. »Ich glaube nicht. Aber wir müssen ihn unbedingt ablenken. Wenn er Joe hier sieht, untersucht er mit Sicherheit die ganze Umgebung und findet die Hütte mit dem Wolf.«

»Ich weiß, wie«, sagte Chris leise. »Laß mich nur machen. Du sagst Joe Bescheid, daß er in Deckung bleiben muß. Ich kümmere mich um Arnie. Sobald Arnie weg ist, machst du dich mit Joe auf den Weg. Wir treffen uns zu Hause.«

Gebückt im Schutz einiger Felsbrocken schlich Chris davon, schlug einen großen Bogen und näherte sich Arnie von der anderen Seite. Sobald er nahe genug war, setzte er sich auf einen Stein, hielt seinen Fuß und fing an zu jammern.

Arnie drehte sich um und kam auf Chris zu. »Ach, du bist es, Mädchen«, rief er. »Schon wieder allein unterwegs? Du scheinst eine Vorliebe für einsame Spaziergänge zu haben. Was ist los, hast du dich verlaufen?«

Chris grinste innerlich, als er begriff, daß Arnie ihn mit Tina verwechselte. Das war gut, auf ein Mädchen würde Arnie leichter hereinfallen.

»Oh, ich bin so froh, daß Sie kommen«, sagte er mit weinerlicher Stimme. »Ich hatte solche Angst. Ich bin hinter Spotty hergelaufen und habe mir den Fuß verstaucht. Es tut so weh, ich kann kaum auftreten.«

Tina wird mir hoffentlich verzeihen, daß ich sie zum wehleidigen Angsthasen mache, dachte er. Schließlich ist es für einen guten Zweck. Mit Leidensmiene hielt er Arnie seinen Fuß hin.

Arnie beugte sich vor und versuchte, Chris den Schuh auszuziehen, um sich die Verletzung anzusehen. Stöhnend wich Chris zurück.

Ratlos sah Arnie auf ihn herab. »Da werde ich dich wohl nach Hause bringen müssen«, meinte er. »Versuch mal, ob du auftreten kannst. Hier, stütz dich auf meinen Arm.«

Unter kleinen Schmerzlauten bemühte sich Chris, auf die Beine zu kommen. Welchen Fuß hatte er bloß gerade vorgezeigt? War es der rechte oder der linke gewesen? Bloß Arnie jetzt nicht mißtrauisch machen! Aber der schien nichts zu argwöhnen. Fürsorglich stützte er Chris und half ihm über den holprigen Pfad.

»Wo ist denn dein Hund?« fragte Arnie plötzlich und sah sich um. »Du hast doch gesagt, du warst hinter ihm her.«

Zu dumm, das hatte Chris ganz vergessen. »Ach«, sagte er betont unbekümmert, »der ist bestimmt irgendeinem Tier auf der Spur. Spotty findet den Weg nach Hause allein, das macht er öfter.«

Arnie runzelte die Stirn. »Willst du sagen, daß dein Hund allein in den Bergen herumstreunt?«

Da Chris nicht begriff, worauf Arnie hinauswollte, erwiderte er arglos, das komme gelegentlich vor. Spotty kenne sich gut aus in der Gegend.

Arnie geriet ins Grübeln. War es möglich, daß dieser Köter seine Schafe auf dem Gewissen hatte? Diese halbe Portion? Jedenfalls konnte es nicht schaden, den Hund im Auge zu behalten. Vielleicht wilderte der schon seit Jahren.

Chris war froh, als endlich die Ranch in Sicht kam. »Den Rest schaffe ich alleine, vielen Dank«, bot er erleichtert an.

Aber Arnie bestand darauf, die vermeintliche Tina höchstpersönlich ihren Eltern zu übergeben. »Hier bringe ich deine Tochter«, sagte er zu Helen, die gerade aus der Scheune kam. »Sie hat sich in den Bergen den Fuß verstaucht. Ihr solltet das Mädchen nicht allein da oben herumlaufen lassen. Und den Hund erst recht nicht.«

Helen starrte Chris an, dann lächelte sie. »Da hat er dich aber schön an der Nase herumgeführt. Das ist Chris. Tina liegt oben und kann sich nicht rühren mit ihrem Fuß.«

Noch ein kaputter Fuß? Arnie hatte langsam genug von diesen merkwürdigen Zwillingen. Ärgerlich sah er Chris an. »Du wolltest mich also für dumm verkaufen, wie? Und der verstauchte Fuß, den hast du wohl auch erfunden?«

»Habe ich nicht!« Mit Leidensmiene humpelte Chris einige Meter über den Hof und hielt sich hilfesuchend an Helen fest. »Und an der Nase herumgeführt habe ich Sie auch nicht. Sie selbst haben mich doch für Tina gehalten.«

Das war nicht zu bestreiten. Arnie hielt es für unter seiner Würde, darauf zu antworten. Das hatte er nun von seiner Hilfsbereitschaft. Er hatte sich bloß lächerlich gemacht. Mit einem finsteren Blick auf Chris verließ er den Hof.

Am Tor begegnete er Joe und Jonas und ging grußlos an ihnen vorbei.

Kaum war Arnie außer Sichtweite, ließ Chris Helens Arm los und stürzte Jonas entgegen. »Na, wie hab ich das gemacht? Der ist mir gefolgt wie ein Lamm.«

Helen verzog mißbilligend das Gesicht. »Ihr habt bloß Unfug im Kopf. Was habt ihr denn da wieder für ein Spiel getrieben?«

»Nur ein Spaß, Mom«, meinte Chris und zog Jonas mit sich fort. »Ein ganz harmloser kleiner Spaß.«

»Bleibt hier!« rief Helen ihnen nach. »Ich muß ins Einkaufszentrum. Großeinkauf. Ihr könntet mir helfen.«

»Aber Tina...«, wandte Chris ein.

»Sie weiß Bescheid. Dad ist bei ihr. Er erwartet Besuch.«

# Wache vor dem Versteck

Am frühen Nachmittag kam der Wildhüter aus dem Glacier Nationalpark. Gavin führte ihn ins Wohnzimmer. Tina, die auf dem Sofa lag und las, klappte ihr Buch zu.

Ernest war klar, daß seine Aufgabe nicht leicht sein würde. Es mußte gelingen, die Rancher davon zu überzeugen, daß auch Wölfe ein Lebensrecht hatten. Mit Verboten und Vorschriften war da nicht viel auszurichten. Von dem verletzten Wolf in der Hütte wollte er lieber noch nicht sprechen. Er würde ihn hoffentlich ohne Aufsehen ins Gehege bringen können. Vorher mußte er sich allerdings dort oben umsehen, ob man überhaupt mit einem Geländewagen rauf kam. Er stopfte sich seine Pfeife und hörte aufmerksam zu, was Gavin zu berichten hatte.

Den Wolf in der Falle erwähnte Gavin ebenfalls nicht. Er wollte seinen Nachbarn Arnie nicht in Schwierigkeiten bringen, und er nahm an, daß Joe das verletzte Tier erschossen hatte. Daß Ernest schon Bescheid wußte, besser als er selbst, konnte er nicht ahnen. Als er fertig war, erkundigte sich

Ernest, wie die Stimmung der anderen Rancher im Tal sei.

Gavin wiegte den Kopf. »Die meisten verhalten sich eher abwartend«, meinte er vorsichtig. »Es hängt davon ab, wie sehr sie selbst betroffen sind. Nach dem Schlachtfest bei Arnie Smith machen sich natürlich alle Sorgen.«

Ernest beschloß, anschließend zur Nachbarranch zu fahren, um mit dem bisher am stärksten Betroffenen zu reden.

»Ich möchte die Rancher aus dem Tal in den nächsten Tagen zu einem Treffen einladen«, sagte der Wildhüter beim Abschied. »Paßt Ihnen Freitag?«

Gavin nickte zustimmend. Ihm war alles recht, was dazu dienen konnte, das Problem sachlich und vernünftig zu regeln. »Am besten, wir treffen uns bei mir«, schlug er vor. »Ich glaube nicht, daß viele ins Büro in den Nationalpark kommen würden.«

Tina hatte, unbeachtet von den beiden Männern, die ganze Zeit aufmerksam zugehört. Sie erinnerte sich gut an das erste Treffen der Rancher und nahm nicht an, daß sie ihre ablehnende Haltung ändern würden, nur weil Ernest ihnen gut zuredete. Ihr fiel der Zeitungsbericht über die Wölfe in Brandenburg ein. So etwas müßte hier doch auch möglich sein!

Wenn Radio, Fernsehen und Zeitungen über die Wölfe berichteten, dann wurden sie berühmt, und man konnte sie nicht mehr so einfach abschießen. Was die Wölfe brauchten, waren Menschen, die auf ihrer Seite standen.

Nachdenklich starrte sie auf das Radio. Wenn jemand vom Lokalsender zu der Versammlung kommen würde... Ein Reporter war schon mal auf der Ranch gewesen und hatte über eine Seuche berichtet, die in Gavins Schafherde ausgebrochen war. Wie hieß der junge Mann, der Gavin damals interviewt hatte? Bill Newton.

Gavin und der Wildhüter hatten kaum den Raum verlassen, da griff Tina kurz entschlossen zum Telefon. Der Anruf war erfolgreich. Bill Newton war sofort bereit, zu dem Treffen zu kommen. Ein ermutigender Anfang, fand Tina. Warum sollte die Zeitung nicht ebenso interessiert sein?

Als ihr Vater zurückkam, ließ sie sich mit ihren Krücken hinauf in ihr Zimmer bringen. Sie wolle ein bißchen schlafen, erklärte sie. Dann setzte sie sich an ihren Schreibtisch und begann einen Bericht zu schreiben: über die Wölfe im Tal und über den Wolf, der ebenso wie sie selbst in die Falle geraten war.

### Das Rudel

*Fünf bis acht Wölfe leben in der Regel in einem Rudel, das straff organisiert ist. Das Familienleben ist freundlich und gesellig, untereinander gibt es kaum Angriffslust. Zwischen männlichen und weiblichen Tieren herrscht Gleichberechtigung, sie haben jeweils eine eigene Rangordnung. Durch Machtkämpfe werden das Alphamännchen – der Leitwolf – und das Alphaweibchen bestimmt. Nicht der Leitwolf, sondern das Alphaweibchen ist die zentrale Figur im Rudel. Das Jagen im Rudel ist für Wölfe überlebenswichtig, denn die Beutetiere sind häufig größer als Wölfe und können von einem Einzeltier nicht erlegt werden. Das Rudel ist eine Gemeinschaft von Tieren unterschiedlichen Charakters und unterschiedlicher Fähigkeiten. Um große Tiere zu jagen, braucht es mutige Wölfe, für scheue Tiere geduldige. Besonders sensible Mitglieder des Rudels erkennen Gefahren schon sehr früh. Auf diese Weise bildet das Rudel einen Familienverband, der auch unter schwierigen Bedingungen überleben kann.*

Inzwischen war Ernest bei Arnie eingetroffen. Die Begrüßung fiel recht kühl aus.

»Der Wildhüter sind Sie? Wollen Sie sich verge-

wissern, daß es Ihren Schützlingen an nichts fehlt?«
fragte er bissig, nachdem Ernest sich vorgestellt
hatte. »Da kann ich Sie beruhigen. Ihren Wölfen
geht es bestens. Sie haben sich bei mir zu einem
Festmahl eingeladen.«

Er zeigte Ernest die Überreste der gerissenen
Schafe. Ernest schaute sich genau um. Es wäre nicht
das erste Mal, daß Wölfe für etwas beschuldigt
wurden, mit dem sie gar nichts zu tun hatten. Aber
das hier, stellte er nach gründlicher Prüfung fest,
konnten tatsächlich Wölfe gewesen sein. Allerdings
kamen auch wildernde Hunde in Betracht. Diese
Möglichkeit konnte man nie ausschließen. Er erkundigte sich, ob Arnie Anzeichen von wildernden
Hunden bemerkt habe.

Arnie schüttelte den Kopf. »Die Wölfe sollen
wohl mal wieder von jeder Schuld freigesprochen
werden, was?«

»Von einer Schuld kann man eigentlich nicht
sprechen«, meinte Ernest bedächtig. »Wölfe sind
Jäger, sie tun, wofür sie von der Natur geschaffen
sind. In freier Wildbahn erwischen sie nie so viele
Beutetiere auf einmal. In der Regel sind es die
langsamsten, also alte und kranke und junge, unerfahrene Tiere. Aber eine kopflos durcheinander
rennende Schafherde stachelt ihren Jagdinstinkt an.

Sie töten dann mehr Beute als sie brauchen. Die beste Gegenwehr ist, den Wolf zuverlässig daran zu hindern, in einen Schafspferch einzudringen.«

Arnie grinste. »O ja, das ist auch meine Ansicht. Sie können mir glauben, ich tue alles, um sie daran zu hindern. Zuverlässig, wie Sie so richtig sagten.«

Ernest ging nicht auf die Drohung ein, die hinter Arnies Worten stand. »Am Freitag gibt es eine Versammlung der Rancher bei Gavin Kramer«, sagte er. »Ich bin sicher, wir werden eine Lösung finden, die alle zufriedenstellt.«

»Wen meinen Sie mit ›alle‹?« gab Arnie zurück. »Mir genügt eine Lösung, die uns Rancher zufriedenstellt.«

So kam man nicht weiter. Ernest verabschiedete sich. Er beschloß, sich in der Umgebung nach Wolfsspuren umzusehen und wenn möglich nach dem verletzten Wolf zu schauen.


Tina las ihren Bericht noch einmal durch, steckte ihn in einen Umschlag und adressierte ihn an die Montana Mountain News. Sie war sehr zufrieden mit sich.

Sie nahm ihre Krücken und hangelte sich am Geländer die Treppe hinunter. Es ging besser, als sie befürchtet hatte.

In der Küche waren Chris und Jonas damit beschäftigt, Lebensmittel im Kühlschrank zu verstauen.

»Mom ist beim Melken«, rief ihr Chris entgegen. »Wir haben tolles Eis gekauft. Willst du welches?«

Tina schüttelte den Kopf. »Ihr habt mich da oben in meinem Zimmer wohl völlig vergessen«, sagte sie vorwurfsvoll. »Nun erzählt doch endlich, wie es dem Wolf geht. Habt ihr ihn gesehen?«

»Dem Wolf geht's gut«, versicherte Chris. »Gesehen haben wir ihn nicht, aber du kannst dir nicht vorstellen, wie wir Arnie reingelegt haben. Du lachst dich tot, wenn du das hörst.« Begeistert berichtete er von seiner Rolle als Tina.

Tina lachte kein bißchen. Sie warf ihrem Bruder einen vernichtenden Blick zu.

»Was hast du denn?« fragte Chris verwundert. »Bist du sauer, weil ich die Mädchenrolle etwas übertrieben habe?«

»Mädchenrolle – Jungenrolle, wenn ich das schon höre«, fauchte Tina. »Habt ihr nichts im Kopf als solche Spielchen? Glaubt ihr, Arnie ist nicht mißtrauisch geworden? Der ist doch nicht von gestern. Er wird sich fragen, was ihr da oben getrieben habt und warum ihr ihn weglocken wolltet. Ich wette, der schaut sich dort genauer um. Und wenn er den Wolf in der Hütte findet, wird er nicht lange fackeln.«

»Der Wolf wird doch morgen abgeholt«, meinte Chris. »Von diesem Wildhüter.«

»Arnie wird noch heute auf die Suche gehen«, gab Tina zurück. »Du mußt sofort Joe suchen, Chris. Der Wolf darf nicht ohne Aufsicht bleiben. Vielleicht ist auch der Wildhüter noch in der Gegend. Er war vorhin bei Dad.«

Nachdenklich sah sie Jonas an. »Du weißt doch, wo die Hütte ist. Du mußt hingehen und aufpassen, bis Joe kommt. Ich würde gern mitkommen, aber das geht ja nicht.« Sie schwenkte ihre Krücken.

Jonas wurde blaß. Einen Wolf hüten und Arnie in Schach halten, er ganz allein? Aber vielleicht kam Arnie ja gar nicht. Tina konnte sich genausogut irren mit ihrem Verdacht. »Na gut, ich gehe«, sagte er zögernd.

»Ich organisiere dir Dads Funktelefon«, schlug Chris vor. »Wenn irgendwas passiert, kannst du Tina anrufen.«

»Was soll denn passieren?« stotterte Jonas, den das Angebot keineswegs beruhigte.

Chris zog die Schultern hoch. »Was weiß ich. Gar nichts vermutlich. Ich dachte nur, du fühlst dich dann nicht so allein.«

»Klar, das machen wir.« Tina war begeistert von der Aussicht, wenigstens zu irgend etwas nütze zu sein. »Denk doch nur daran, was mir passiert ist. Hätte ich ein Funktelefon gehabt, dann wäre alles viel einfacher gewesen.«

Tina hatte mit ihrer Vermutung ins Schwarze getroffen. Arnie fand das Verhalten von Chris äußerst merkwürdig. Erst die zugeschnappten Fallen, dann die Wolfshaare und der Versuch, ihn von diesen Felsen wegzulocken – das mußte einen ja mißtrauisch machen. Nachdem er in aller Eile die nötigsten Arbeiten auf seiner Ranch erledigt hatte, machte er sich wieder auf den Weg. An der Stelle, wo er Chris getroffen hatte, blieb er stehen und suchte mit dem Fernglas die Umgebung ab. Aha, er hatte sich also nicht getäuscht. Zwischen zwei Felsen kam ein Junge in Sicht, der mit einem Rucksack auf dem Rücken bergan stieg. War das nicht Gavins Neffe aus Deutschland? Am Morgen Chris, am Nachmittag sein Cousin – das war sicher kein Zufall. Arnie nahm die Verfolgung auf.

Jonas kam gut voran. Entgegen seinen Befürchtungen hatte er keine Schwierigkeiten, den Weg wiederzufinden. Er begriff nicht mehr, wovor er solche Angst gehabt hatte. Als er fast am Ziel war, nahm er das Funktelefon. »Alles in Ordnung«, sagte er, als Tina sich meldete. Es war doch ein beruhigendes Gefühl, daß die Verbindung klappte.

Vor der windschiefen Hütte blieb Jonas stehen. Joe hatte ausdrücklich gesagt, sie dürften die Hütte nicht betreten. Aber er hatte Wasser und Fleisch für den Wolf im Rucksack. Wer weiß, wann Joe kam...

»Der Wolf ist verletzt und eingesperrt«, sagte er zu sich selbst. »Er kann mir nichts tun. Ich will ihn wenigstens einmal sehen.«

Er war fast an der Tür, als ein langgezogenes Heulen ertönte. Jonas blieb wie angewurzelt ste-

hen. Eine Gänsehaut bildete sich auf seinen Armen, jedes einzelne Härchen sträubte sich.

Etwa zwanzig Meter entfernt hockte Arnie hinter einem Felsen und lachte in sich hinein, als er das Heulen hörte. Der Wolf war also keineswegs auf wundersame Weise aus der Falle entkommen, sondern befreit worden. Vermutlich von diesem Joe. Er hielt ihn hier versteckt, und die Kinder brachten ihm Futter. Jetzt brauchte er nur noch zu warten, bis der Junge gegangen war, dann konnte er den Wolf in aller Ruhe erschießen. Der würde keine Schafe mehr reißen!

Das Geheul verstummte. Jonas atmete tief und betrachtete unentschlossen die niedrige Tür. Im oberen Teil war eine Klappe, die mit einem Riegel verschlossen war. Wenn er die öffnete, konnte bestimmt nichts passieren. Vorsichtig schob er den Riegel zurück. Seine Augen brauchten einige Sekunden, um sich an das Dämmerlicht zu gewöhnen, das durch ein winziges, schmutzverkrustetes Fenster und die Ritzen zwischen den Brettern drang.

In der hintersten Ecke der Hütte sah er im Dämmerlicht zwei Augen funkeln, die ihn anzustarren schienen. Zuerst konnte Jonas nur einen grauen Schatten sehen, dann entdeckte er den Wassernapf. Er nahm einen langen Stock, der griffbereit neben der Tür lag, und angelte vorsichtig nach dem Napf. Der Wolf knurrte drohend, als der Stock immer näher kam. Jonas sah seine weißen Zähne aufblitzen, als er die Lefzen hochzog.

»Keine Angst«, sprach er sich Mut zu. »Er kann mir nichts tun. Wenn ich hier stehenbleibe, kann mir nichts passieren.«

Nach mehreren Versuchen gelang es ihm, den Wassernapf mit Hilfe des Stocks zu sich heranzuziehen. Er füllte ihn von oben mit Wasser und schob ihn langsam wieder auf den Wolf zu.

Das Tier mußte großen Durst haben, denn es fing an zu trinken, sobald der Napf in seine Reichweite kam. Wasser, hatte Joe erklärt, sei das Wichtigste für das Tier. Wenn es ein, zwei Tage ohne Fressen auskommen müsse, so schade das nicht. Das seien Wölfe in freier Wildbahn gewöhnt.

Jonas holte etwas Fleisch aus dem Rucksack, das Chris aus der Tiefkühltruhe »organisiert« hatte, und schob es ebenfalls mit dem Stock in Reichweite des Wolfs. Erleichtert atmete er auf. Jetzt brauchte er nur noch auf Joe oder den Wildhüter zu warten.

»Auf Wiedersehen, Wolf«, flüsterte er dem grauen Schatten in der Ecke zu, der sich bereits über das Fleisch hergemacht hatte.

Arnie wurde in seinem Versteck langsam ungeduldig. Was machte der Junge da nur so lange? Gereizt trommelte er auf den Schaft seines Gewehres.

Endlich schloß der Junge die Luke in der Tür und wandte sich um. Das wurde auch Zeit. Aber was machte dieser Bengel denn jetzt? Statt sich schleunigst davonzumachen und andere Leute ungestört ihre Arbeit tun zu lassen, holte er ein Funktelefon hervor und quatschte hinein. Das war ja nicht zum Aushalten. Arnie fluchte leise. Ein Zischen antwortete ihm. Vor ihm auf dem sonnenwarmen Fels erhob sich eine Schlange und pendelte mit dem dreieckigen Kopf nervös züngelnd vor seinen Augen hin und her.

Im ersten Schreck schoß Arnie hoch und griff nach seinem Gewehr.

Tina lag auf dem Sofa und las. Als das Telefon zum zweitenmal klingelte, legte sie seufzend das Buch beiseite. Immer an der spannendsten Stelle!

»Tina, ich habe den Wolf gesehen«, ertönte Jonas' helle Stimme. »Es geht ihm gut. Weißt du, ob Chris Joe gefunden hat? Ich kriege langsam Hunger.«

»Nein, weiß ich nicht. Wahrscheinlich gehen sie direkt zur Hütte. Bleib auf dem Posten.«

Tina wandte sich wieder ihrer Geschichte von einem Jungen namens Atrèju zu, der unglaubliche Abenteuer bestehen mußte, um ein Land namens Phantasien vor dem Untergang zu retten. Das Buch hatte Jonas als Geschenk mitgebracht, natürlich in englischer Übersetzung, und es in den höchsten Tönen gelobt. Womit er, wie Tina fand, eher noch untertrieben hatte.

Sie hatte sich gerade wieder in die Geschichte vertieft und befand sich mit Atrèju und seinem treuen Pferd Artax in den Sümpfen der Traurigkeit, da meldete sich Jonas schon wieder. Seine Stimme klang gehetzt. »Tina, ich sitze in der Klemme. Draußen hockt Arnie mit einem Gewehr. Ich habe ihn nur durch Zufall gesehen, weil er plötzlich hochschoß wie eine Rakete und genauso schnell wieder verschwand. Was soll ich jetzt machen?

Wenn er nun herkommt und den Wolf erschießt? Tina, ich habe Angst.«

Mit Mühe fand Tina in die Wirklichkeit zurück, die offenbar ebenso aufregend war wie ihre Geschichte. »Bleib, wo du bist, Jonas. Laß den Wolf bloß nicht allein«, sagte sie. »Ich melde mich wieder.«

Sie preßte die Hand auf den Mund und zog die Stirn in Falten. Was sollte sie jetzt bloß tun? Ein Schatten fiel über ihr Gesicht. Als sie aufsah, stand der Wildhüter vor ihr.

»Hallo, Tina. Die Tür war offen, da bin ich einfach reingekommen. Ich wollte gern mit Joe sprechen. Weißt du, wo er ist?«

»Hallo«, sagte Tina geistesabwesend, als das Telefon schon wieder klingelte.

»Tina, laß mich hier bloß nicht sitzen mit dem Wolf!« Die Worte klangen wie ein Aufschrei.

»Um Gottes willen, wer ist das?« rief Ernest. »Was ist mit dem Wolf?«

Erst jetzt schien ihn Tina richtig wahrzunehmen. »Bleib ganz ruhig, Jonas«, sagte sie in den Hörer. »Ich schicke dir Hilfe.«

In aller Kürze erzählte sie Ernest, in welcher Klemme Jonas saß.

»Beschreibe mir den Weg«, forderte er. »Schnell.

Ich habe die Hütte vorhin nicht gefunden. Deshalb wollte ich Joe sprechen.«

Wenige Minuten später war er unterwegs.

Arnie hatte vergeblich versucht, die Schlange mit dem Gewehrkolben zu erschlagen. Sie war viel zu schnell für ihn gewesen. So unversehens, wie sie aufgetaucht war, war sie verschwunden.

Aber der Junge hatte ihn offenbar gesehen und rührte sich nicht von der Hütte weg.

Jetzt ging die ganze Warterei von vorn los! Aus Angst, die Schlange könnte sich irgendwo verborgen haben, wagte Arnie nicht mehr, sich hinzusetzen. Langsam wurde das Herumstehen sehr unbequem. Hatte der Junge die Absicht, hier zu übernachten?

Arnie steckte sich gerade die fünfte Zigarette an, als jemand neben ihm höflich fragte: »Feuer?« und ihm ein Feuerzeug entgegenhielt.

Erschrocken fuhr er herum. Wo kam denn auf einmal dieser Wildhüter her? Das war mit Abstand der letzte Mensch, den er hier zu treffen wünschte. Komischer Zufall, daß der ausgerechnet jetzt hier aufkreuzte. Hoffentlich ging er schnell wieder, ehe er mitbekam, was hier ablief.

Aber Ernest schien keine Eile zu haben. Er ließ sich auf dem von Arnie gemiedenen Felsen nieder und fing an, umständlich seine Pfeife zu stopfen. »Ein schöner Tag heute, nicht wahr? Sind Sie auf der Jagd?« begann er das Gespräch.

»Äh, nein. Eigentlich nicht. Hab das Gewehr nur aus Vorsicht mitgenommen. Man weiß ja nie...«, stotterte Arnie.

Der Wildhüter stimmte ihm lebhaft zu und blickte zu der Hütte hinüber. »Ja, man weiß nie, wer sich so alles herumtreibt. Da oben in der Hütte zum Beispiel, Sie glauben nicht, was da drin ist. Ein Wolf. Schwer verletzt, das arme Tier. Ist offenbar in eine Falle geraten. Können Sie sich vorstellen, daß jemand so etwas tut? Tellereisen aufstellen?«

»Fallen? Nein, wirklich? Also, nein, ähh...« Mehr brachte Arnie in seiner Verwirrung nicht heraus.

Ernest nickte. »Ich kann verstehen, daß es Ihnen die Sprache verschlägt. Mir ist es genauso gegangen. Mit Jagd hat das ja wirklich nichts zu tun. Sie sollten sich das Tier einmal ansehen. Es ist schrecklich, was diese Eisen für Verletzungen verursachen. Und wenn ich an das Mädchen denke...« Er schüttelte den Kopf. »Ein Wunder, daß sie noch laufen kann, das arme Ding. Hätte für ihr ganzes Leben ein Krüppel sein können. Wer das getan hat, der sollte sich schämen.«

»Mädchen? Wer – also, wovon reden Sie denn?«
fragte Arnie entsetzt.

»Haben Sie das noch nicht gehört? Gavin Kramers Tochter, die Tina, ist in eine Falle geraten. Na,
wir werden dem Kerl schon auf die Schliche kommen. Solchen Leuten muß man das Handwerk
legen. Fahrlässige Körperverletzung ist das. Ganz
zu schweigen davon, daß Tellereisen verboten
sind.«

»Ja, natürlich«, stimmte Arnie mit hochrotem
Kopf zu.

Ernest stand auf. »Ich muß weiter, ich will noch
nach dem Wolf sehen. Wir bringen ihn in ein
Gehege im Nationalpark, da kann er seine Wunde
auskurieren. Falls er es schafft. Wissen Sie, Wölfe
sind heutzutage eine Seltenheit geworden. Da
kommt es auf jedes einzelne Tier an. Wollen Sie ihn
sich auch einmal ansehen?«

Hastig wandte sich Arnie ab. »Ich muß zurück
zur Ranch.«

»Bis Freitag dann.« Ernest sah ihm mit gemisch-
ten Gefühlen nach.

Erleichtert hatte Jonas den Mann kommen sehen.
Das mußte der Wildhüter sein. Aber als der Fremde
dann ein scheinbar ganz freundschaftliches Gespräch mit Arnie anfing, kamen ihm Zweifel. Ent-

schlossen stellte er sich vor die Hüttentür, als sich der Mann näherte. Er würde niemanden an den Wolf heranlassen.

Ernest sah den etwas ängstlichen Blick des Jungen. »Ich bin Ernest, der Wildhüter aus dem Nationalpark«, sagte er beruhigend. »Tina hat mir alles erzählt. Wenn du willst, kannst du sie anrufen.«

Jonas nickte. Er war froh, daß ihm nun die Verantwortung für den Wolf abgenommen wurde.

Aufmunternd klopfte ihm Ernest auf die Schulter. »Das hast du prima gemacht, Junge. Und nun will ich mal einen Blick auf den Patienten werfen.« Er öffnete die Luke und spähte in die Hütte. »Macht einen guten Eindruck, soweit ich das von hier aus beurteilen kann. Genaueres kann erst der Tierarzt sagen. Wie ich sehe, ist der Lauf fachmännisch geschient worden.«

Jonas nickte. »Das hat Joe gemacht. Mein Onkel sagt, er kann Tiere besser behandeln als mancher Arzt. Er hat den Wolf auch betäubt. Ich glaube, mit einem Indianerpfeil.«

Ernest verschloß die Luke wieder. »Komm, wir gehen. Ich bringe dich nach Hause. Hoffentlich ist Joe da. Morgen müssen wir den Wolf abholen.« Er schaute sich um. »Ich denke, wir kommen mit dem Geländewagen ziemlich dicht ran. Den Wolf müssen wir wieder betäuben. Freiwillig wird er nicht mitkommen. Mal sehen, ob Joe das wieder machen kann. Sonst muß ich den Tierarzt anrufen.«

»Wenn aber nun Arnie vorher zurückkommt?« wandte Jonas ein.

»Der wagt nicht mehr, den Wolf zu erschießen«, versicherte Ernest. »Ich hatte ein kleines Gespräch mit ihm...«

Die Kramers versammelten sich in der Küche zum Abendessen. Chris war erst vor wenigen Minuten verschwitzt und aufgeregt nach Hause gekommen, fast gleichzeitig mit Joe, den er die ganze Zeit vergeblich gesucht hatte.

»Wo bleibt denn nur Jonas?« fragte Helen.

»Er muß jeden Moment hier sein, Mom«, versicherte Tina. Mehr war aus ihr nicht herauszubekommen.

Helen und Gavin waren etwas erstaunt, als wenig später der Wildhüter hinter Jonas in der Küchentür erschien. Ernest hielt es für das beste, die Kramers sofort über den Wolf in der Hütte zu informieren. Das Versteckspiel der Kinder mußte ein Ende haben. Außerdem war Offenheit und gegenseitiges Vertrauen nötig, wenn er die Rancher auf seine Seite ziehen wollte.

Gavin hörte schweigend zu und warf Joe und den Kindern hin und wieder einen finsteren Blick zu.

»Da habt ihr uns schön hinters Licht geführt«, warf er ihnen vor. »Warum habt ihr nichts davon erzählt?«

Einen Moment war es ganz still. Dann sagte Tina leise: »Weil ich dachte, du würdest den Wolf erschießen, Daddy. Das hättest du doch getan, oder nicht?«

Gavin bestritt das nicht. »Aber was ist euch so wichtig an diesem Wolf?« fragte er ratlos. »Ihr müßt doch zugeben, daß wir hier keine Wölfe brauchen können.«

»Genausogut kann man sagen, daß die Wölfe uns hier nicht brauchen können«, sagte Joe. »Die Menschen haben sich immer weiter ausgebreitet und ihnen ihren Platz weggenommen. Im Grunde sind wir die Eindringlinge, nicht die Wölfe. Die waren hier zu Hause, bis wir sie vertrieben haben. Wir machen dasselbe mit den Wölfen, was ihr Weißen mit den Indianern gemacht habt.«

Ernest nickte. »Früher gab es Wölfe auf der ganzen Nordhalbkugel der Erde, überall. Heute sind sie in den meisten Ländern verschwunden.«

»Eines Tages gibt es keinen mehr.« Tina sah ihren Vater an. »Willst du das, Daddy?«

»Sicher nicht. Ich habe ja nichts gegen Wölfe«, meinte Gavin. »Aber warum müssen sie unbedingt hier leben?«

»Genau dasselbe fragt jeder, ganz gleich, wo die Wölfe versuchen, Fuß zu fassen«, sagte Ernest. »Niemand will sie haben. Wenn wir aber Wölfe erhalten wollen, dann müssen wir einen Weg finden, mit ihnen auszukommen. Schließlich sind Wölfe die ältesten Begleiter der Menschen. Sie sind schon vor zehntausend Jahren mit ihm gezogen.«

»Ohne Wölfe«, fügte Jonas hinzu, stolz auf sein Wissen, »hätten die Menschen früher gar nicht anfangen können, Vieh zu züchten. Sie haben sie gezähmt und als Wachhunde eingesetzt. Alle Haushunde stammen von ihnen ab.«

»Sogar Spotty.« Zärtlich kraulte Tina den Hund hinterm Ohr.

Als der Wildhüter gegangen war, holte Jonas seine Kamera und hielt sie Joe hin. »Wenn ihr morgen den Wolf abholt, kannst du dann ein paar Fotos machen?« bat er.

# Versammlung der Rancher

Am Freitag abend sollte das Treffen der Rancher stattfinden. Bereits mittags saß Tina auf der Veranda und wartete. Nicht einmal Chris wußte, daß sie Radio- und Zeitungsreporter erwartete. Den Brief an die Montana Mountain News hatte Joe zum Postkasten gebracht. Wenn niemand kam, wollte sie wenigstens nicht ausgelacht werden. Aber ihre Erwartungen wurden nicht enttäuscht.

Am Nachmittag erschien ein Journalist der Lokalredaktion, der sich als Mac Miller vorstellte. Er habe ihren Bericht gelesen und sei vor allem an dem gefangenen Wolf interessiert. Ob er den fotografieren könne? Und dann würde er gern Tina sowie ihrem Bruder und dem Cousin ein paar Fragen stellen. Wenn möglich auch dem Rancher, der die Fallen aufgestellt und dem Indianer, der den Wolf daraus befreit hatte.

Tina holte tief Luft. Betont lässig, als gebe sie jeden Tag Interviews, gab sie die gewünschten Auskünfte. Der Wolf sei leider nicht mehr da, erklärte sie, aber Joe habe ein paar Fotos gemacht. Dann rief sie Chris und Jonas.

»Das ist Mac von der Zeitung«, stellte sie vor. »Er möchte gern die Fotos haben.« Triumphierend betrachtete sie die verblüfften Gesichter der beiden Jungen.

Wenig später, Chris und Jonas waren mit Mac auf der Suche nach Joe, trafen zwei Reporter des Lokalradios ein. Tina erzählte ihre Geschichte noch einmal, diesmal in ein Mikrofon. Sie war gerade mittendrin, als Gavin erschien und erstaunt die unbekannten Besucher musterte, die sich mit seiner Tochter unterhielten.

»Ich brauche wohl nicht zu fragen, wer Sie eingeladen hat«, bemerkte er, nachdem die Gäste sich vorgestellt hatten, mit einem Blick auf Tina. »Lassen Sie sich nicht stören, ich höre gern zu.«

Er lehnte sich an das Geländer und sah Chris und Jonas mit einem weiteren Fremden über den Hof kommen. »Noch ein Reporter, nehme ich an?« fragte er Tina. »Du warst gründlich, wie ich sehe.«

»Wir hätten gern mit dem Mann gesprochen, der die Fallen aufgestellt hat«, meinte Mac nach kurzer Begrüßung. »Läßt sich das machen?«

In diesem Augenblick sah Gavin Arnies Jeep in die Einfahrt fahren. Er warf Tina einen warnenden Blick zu und sagte knapp: »Wir wissen leider nicht, wer es war.« Rasch ging er auf Arnie zu.

»Gut, daß ich dich endlich erwische«, knurrte Arnie. »Wie kommst du dazu, einen Wolf hochzupäppeln? Willst du uns in den Rücken fallen?«

»Du hast es nötig, mir Vorwürfe zu machen«, zischte Gavin zurück. »Und was ist mit Tina? Deine verdammte Falle hätte ihr beinah den Fuß zerschlagen.«

»Was kann ich denn dafür? Tut mir ja leid, was deiner Tochter passiert ist. Aber was hatte sie da oben denn zu suchen?« Das schlechte Gewissen machte Arnie wütend.

»An deiner Stelle würde ich nicht so schreien.« Gavin wies auf die Veranda. »Die Presse ist da. Wenn du willst, daß morgen alles über dich in der Zeitung steht, nur zu.«

»Was ich zu sagen habe, kann jeder hören«, flüsterte Arnie mit einem besorgten Blick auf die Journalisten. »Wer sagt denn überhaupt, daß ich die Fallen ausgelegt habe?«

Nach und nach trafen alle acht Rancher aus dem Tal ein. Dann kam Ernest mit einem noch ziemlich jungen Mann, den er als Dr. Porter, den Leiter des Nationalparks, vorstellte.

Einige Rancher warfen sich zufriedene Blicke zu. Man schien ihre Probleme also ernst zu nehmen.

Während Dr. Porter ein paar einleitende Worte

172

sagte, sah er von einem zum anderen, um sich ein
Bild von der allgemeinen Stimmung zu machen.
Aber die Mienen der Männer verrieten wenig von
dem, was sie dachten.

»Sicher wieder so einer von denen, die alles besser wissen und uns vorschreiben wollen, was wir zu tun haben«, murmelte Sam Griffith nicht gerade leise.

Dr. Porter hob die Hände. »Ich bin nicht hier, um Ihnen Vorschriften zu machen«, sagte er. »Im Gegenteil. Ich möchte mit Ihnen zusammen ein Problem lösen: das der Wölfe und ihrer Überlebenschance. Ich möchte Ihre Meinung dazu hören, Ihre Vorschläge und auch Ihre Befürchtungen. Nur wenn wir offen über alles sprechen, können wir gemeinsam klären, was geschehen soll.«

Mehrere Zwischenrufe wurden laut. »Ganz einfach abschießen, das Pack.« – »Wir leben doch nicht mehr im Mittelalter.« – »Als ob wir nicht schon genug Probleme hätten.«

»Ist es denn sicher, daß es Wölfe sind? Und wie viele?« fragte einer.

Ernest versicherte, das stehe außer Frage. Wahrscheinlich seien es zwei oder drei noch junge Tiere, die sich vom Rudel gelöst hätten und auf der Suche nach einem neuen Revier seien.

»Das ist eine Sensation«, meinte Mac, der Reporter, begeistert. »Wölfe in Montana. Das werden uns die Nachrichtenagenturen auf der ganzen Welt aus den Händen reißen. Ihr werdet berühmt, Leute.«

Einige Rancher spitzten die Ohren. So hatten sie

die Sache noch nie gesehen. Ob das wirklich stimmte, daß sich die ganze Welt für ein paar lausige Wölfe in ihrem Tal interessierte? Etwas wie Stolz begann sich in ihnen zu regen.

»Warum denn so viel Getue um ein paar Wölfe?« fragte Arnie fassungslos.

Dr. Porter sprach von der langen Geschichte der Wölfe, von ihrer Bedeutung für den Menschen und für die Natur, von dem Ausrottungsfeldzug gegen sie seit fast 200 Jahren, der sie aus vielen Ländern schon verdrängt hatte. Er sprach von den mühsamen Versuchen, in Europa kleine Restbestände da und dort am Leben zu erhalten. »In den italienischen Abruzzen zum Beispiel gibt es noch ein paar Wölfe«, schloß er. »Die Leute dort sind stolz auf sie. Man versucht alles, um ihnen das Überleben zu ermöglichen.«

»Dann schicken wir unsere eben einfach dorthin«, schlug Arnie bissig vor. »Ihr wißt ja, wie viele Schafe sie mir gerissen haben. Heute sind es zwei Wölfe, morgen zwei Dutzend. Die fressen uns die Haare vom Kopf. Und die Jagd können wir auch vergessen, weil es dann bald kein Wild mehr gibt.«

Ernest schüttelte den Kopf. »Die Wölfe vermehren sich nicht so rasch. Eher ist zu erwarten, daß sie es gar nicht schaffen. Und bei den Wildbeständen hier in den Wäldern sind doch ein paar Wölfe keine Konkurrenz. Die Schaf- und Rinderherden müssen einfach besser gesichert werden. Wölfe sind äußerst vorsichtig. An Haustiere wagen sie sich nur, wenn sie leichte Beute sind.«

»Und was ist mit unseren Frauen und Kindern?« warf Sam Griffith ein. »Die sind doch ihres Lebens nicht mehr sicher.«

Tina konnte nicht länger an sich halten und stand auf. »Der Wolf hat mehr Angst vor uns als wir vor ihm«, rief sie. »Ich muß es schließlich wissen.«

Unverständnis spiegelte sich in den meisten Gesichtern.

Da begann Tina von der Suche nach den Fallen zu erzählen und wie sie dabei selbst in der Nähe eines gefangenen Wolfes in die Falle geraten war.

Ihr Bericht schlug ein wie eine Bombe. Zuerst war es ganz still, dann erhob sich ein Stimmengewirr. Die meisten fanden es empörend, daß jemand Tellereisen aufstellte. Auch andere Tiere konnten in die Fallen geraten. Und ein grausames Ende in der Falle wünschten sie nicht einmal den eben noch verfluchten Wölfen. Nun war auch noch ein Kind verletzt worden. Vermutungen wurden laut, wer der Fallensteller sein könnte. Viele drehten sich zu Arnie um, aber der tat ganz unbeteiligt. Als sich die

Erregung etwas gelegt hatte, meinte er ungerührt, damit sei seine Frage nicht beantwortet. Er wolle wissen, wer für die Verluste aufkomme, wenn der Wolf nach und nach die ganze Herde reiße.

»Aber das passiert doch nicht«, sagte Gavin. »Normalerweise holt ein Wolf sich höchstens hin und wieder mal ein Schaf, und auch nur, wenn wir es ihm leichtmachen. Du mußt eben deine Zäune in Ordnung halten. Als wir letztes Jahr die Seuche hatten, war die Gefahr viel größer. Das kann auf einen Schlag die ganze Herde vernichten. So ist das eben, wenn du Rancher bist. Eine Seuche, eine Dürre, das kann dich alles treffen. Was ist dagegen ein Wolf?«

Ernest nickte zustimmend. »Die Schäden an Haustieren halten sich in Grenzen, wenn die Pferche ordentlich eingezäunt sind und die Tiere nachts nach Möglichkeit bewacht oder ins Tal getrieben werden. Auch bei plötzlichem Nebel, da jagen Wölfe besonders gern.«

»Und wer soll das bezahlen?« fragte Sam Griffith. »Ich kann mir keine weiteren Hilfen leisten.«

Dr. Porter berichtete von der Naturschutzorganisation *Defenders of Wildlife*, die Geld für Wolfsprojekte sammele und zur Verfügung stelle, als Zuschüsse für sichere Zäune zum Beispiel oder als

177

### Fortpflanzung

Die Paarung findet je nach klimatischen Bedingungen zwischen Februar und April statt. In einem Rudel paaren sich in der Regel nur die Alphatiere. Pro Jahr und Rudel werden 3 bis 6 Welpen geboren. Sie kommen nach einer Tragzeit von 62 bis 64 Tagen in einem unterirdischen Bau zur Welt, den die Wölfin selbst, manchmal mit Hilfe des Rudels, gegraben hat. Die Welpen sind blind und hilflos, ihre Sterblichkeit im ersten Jahr ist hoch. Nach acht Wochen werden die Jungen entwöhnt und dann von den Eltern und auch vom übrigen Rudel versorgt. Die erwachsenen Wölfe bringen Fleisch im Maul zu den Jungen; bei längeren Strecken wird das Fleisch zunächst verschluckt und für die Jungen wieder ausgewürgt.

Mit knapp zwei Jahren gehen die jungen Wölfe ihre eigenen Wege und versuchen manchmal auch, ein eigenes Rudel zu gründen. Mit zwei Jahren werden Wölfe geschlechtsreif. Für eine gesunde Fortpflanzung ist es wichtig, daß fremde Wölfe zum Rudel hinzukommen. Die Wölfe werden sonst unfruchtbar.

Einzelne Wölfe legen oft weite Strecken zurück, um zu einem neuen Rudel zu kommen.

Schadensersatz für Haustiere, die den Wölfen zum Opfer fielen.

Jonas rutschte auf seinem Hocker hin und her. Schließlich meldete er sich herzklopfend zu Wort. Er hatte noch nie vor so vielen Leuten gesprochen. »Bei mir zu Hause in Deutschland«, begann er leise und sah hilfesuchend Tina an, die aufmunternd nickte, »kommen die Wölfe auch wieder. Viele Leute finden das gut und versuchen, ihnen zu helfen, damit sie bleiben und dort leben können, so wie früher. Und wenn sie Schaden anrichten, dann soll das bezahlt werden. Wenn das bei uns geht, warum dann nicht hier?«

Aufatmend setzte er sich wieder. Tina gab ihm einen Rippenstoß. »Das war nicht schlecht. Sie wollen sich bestimmt nicht gern nachsagen lassen, ihr könntet so was besser in eurem kleinen Deutschland. Hast du Arnie gesehen? Seit der was von Geld gehört hat, ist er ganz ruhig geworden.«

Auch die anderen Rancher hatten interessiert hochgeschaut, als Ernest von Schadensersatz sprach.

»Wenn ich die Viecher bezahlt kriege, sollen die Wölfe sie ruhig fressen.« Sam Griffith sprach damit die Meinung vieler seiner Nachbarn aus.

Gavin wandte ein, damit bringe man die Wölfe ja auf den Geschmack daran, leichte Beute wie die

Schafe vorzuziehen, statt selbst zu jagen. Wichtiger sei doch wohl, die Wölfe nicht an das Vieh heranzulassen. Die meisten stimmten ihm zu, nur Arnie hatte so seine eigenen Gedanken zu dem Thema. Aber die wollte er nicht öffentlich diskutieren.

Zum Schluß meldete sich Dr. Porter noch einmal zu Wort. »Ein besonderes Angebot, das ich gestern erst erfahren habe: Die Naturschutzorganisation zahlt demjenigen fünftausend Dollar, der auf seinem Land Wölfe ihre Jungen aufziehen läßt.«

Damit war er entschieden zu weit gegangen. Die Rancher fanden es schon die Grenze des Zumutbaren, überhaupt Wölfe in der Gegend zu dulden.

»Sollen wir ihnen vielleicht noch eine Kinderstube einrichten?« fragte Arnie spitz.

Bittend zupfte Tina ihren Vater am Ärmel.

»Selbst wenn ich wollte, das kann ich nicht machen«, sagte Gavin leise. »Alle würden über mich herfallen, wenn ich die Wölfe auch noch dazu ermuntere, sich hier niederzulassen.«

Dr. Porter legte ihm die Hand auf den Arm. »Überlegen Sie sich das in Ruhe. Gleich, wie Sie sich entscheiden, ich habe Verständnis dafür.«

Gavin nickte und sah besorgt das erwartungsvolle Gesicht seiner Tochter, die offensichtlich nur für eine Entscheidung Verständnis hatte.

# Der Wolf kehrt zurück

Die drei Kinder standen vor dem Geländewagen, mit dem Ernest den Wolf aus dem Gehege des Nationalparks hinauf in die Berge bringen wollte. Er würde zurückkehren in die Freiheit. Zum letztenmal war er betäubt worden. Ernest hatte Jonas und die Zwillinge eingeladen, damit sie den Wolf noch einmal sehen konnten. Joe hatte sie mit dem Jeep zum Nationalpark gebracht.

»Ob er es schafft?« fragte Tina leise.

»Der Bruch ist gut verheilt«, meinte Ernest. »Die Chancen sind gut.« Er lächelte. »Es ist übrigens eine Wölfin. Sie hat ein Halsband mit einem Sender bekommen. Wir werden also beobachten können, wohin sie geht. Wenn wir Glück haben, findet sie einen Partner und bekommt Junge.« Mit einem Blick auf Tina und Chris fügte er hinzu: »Falls sie auf eurem Land bleiben, wird euer Vater sie dulden. Er hat mir erlaubt, euch das heute zu sagen. Aber behaltet es vorläufig lieber für euch.«

»Ich hab's gewußt«, jubelte Tina. »Dad macht den Anfang.«

Auch Chris und Jonas strahlten.

Ernest öffnete die Wagentür. »Ich habe noch eine Bitte an euch«, sagte er. »Wenn hier im Tal etwas passiert, das mit Wölfen zusammenhängt, wenn ihr Spuren findet, Wölfe hört oder gar zu Gesicht kriegt, dann gebt mir bitte Bescheid. Auch wenn ihr von anderen etwas erfahrt. Jede Einzelheit ist wichtig.«

Begeistert stimmten Tina und Chris zu. Nur Jonas blieb still. Für ihn kam das nicht in Frage, denn seine Tage in Montana waren gezählt. Bald würde er nach Hause fliegen. Was mit den Wölfen weiter geschah, würde er – wieder einmal – nur aus Briefen erfahren.

Chris boxte ihn in die Seite. »Mach doch nicht so eine Trauermiene! Ihr habt in Brandenburg ja eure eigenen Wölfe. Wir schreiben dir, was alles passiert. Es wird sein, als wärst du dabeigewesen. Und nächstes Jahr kommst du wieder. Oder wir besuchen euch.«

»So, Kinder, es ist soweit.« Ernest schloß die Hecktür des Geländewagens und ging nach vorn, wo Joe an der Motorhaube lehnte. »Mach's gut, Joe. Und denk dran, wenn du im Nationalpark arbeiten möchtest, sprich mit Dr. Porter. Wir brauchen Leute wie dich.«

Die Kinder winkten dem Wagen nach, bis er um

die nächste Biegung verschwunden war. Jonas umklammerte seine Kamera. Wenigstens hatte er Fotos. Aber was war schon ein Foto gegen die Wirklichkeit?

Die Berichte über die Wölfe und die Probleme der Rancher in Zeitungen und Radio in der nächsten Zeit übertrafen die kühnsten Erwartungen. Alle nahmen deutlich Partei für die Wölfe und beschrieben ausführlich die Leiden des Wolfs in dem Tellereisen, ohne es an Verständnis für die Probleme der Rancher fehlen zu lassen. Aber es war deutlich zu merken, daß die Presse das Wiederauftauchen der Wölfe geradezu feierte.

Jonas schnitt sich die Zeitungsartikel aus und nahm die Radiosendung mit seinem Kassettenrecorder auf. »Für die Schule. Meine Klasse wird staunen, wenn sie das hört. Da sehen sie mal, wie man anderswo mit den Wölfen umgeht.«

In den folgenden Tagen tauchten mehr und mehr Neugierige auf, die die Wölfe sehen wollten. Sie erwarteten offenbar, daß sie die Tiere bei einem kurzen Spaziergang oder noch besser vom Auto aus besichtigen könnten. Wenn sie dann erfuhren, daß Wölfe äußerst scheu und deshalb in Freiheit höchst selten zu sehen wären, verschwanden sie enttäuscht wieder und machten neuen Besuchern Platz, die sich auf Gavins Hof drängten. Sie wollten die Wolfshütte sehen und hinterließen leere Getränkedosen, Kaugummipapier, Chipstüten und Zigarettenkippen.

Gavin fluchte, denn die ungebetenen Gäste störten bei der Arbeit und nahmen auch wenig Rücksicht auf die mit Mühe neu errichteten und gesicherten Weidezäune.

»Mir scheint, der Schaden, den die Wölfe anrichten, ist gar nichts im Vergleich dazu«, bemerkte er mürrisch.

Da die Rancher ihre Herden sorgfältiger bewachten, auch nachts, kamen zunächst keine Verluste an Schafen mehr vor. Allerdings beklagte Arnie, daß aus dem Stall ein Dutzend Hühner – wertvolle

Zuchttiere, wie er betonte – verschwunden wären, und verlangte unverzüglich den zugesagten Schadenersatz.

Gavin meinte verächtlich zu Helen, das habe er sich schon gedacht, daß jetzt alles den Wölfen zugeschoben würde, denn für Tiere, die von Füchsen geholt wurden, gab es kein Geld. Tina ging noch weiter und vermutete, die wertvollen Zuchttiere seien wahrscheinlich alte Suppenhühner gewesen und in Arnies Kochtopf gelandet.

Am Abend vor Jonas' Abreise schlichen sich die Kinder heimlich hinaus und gingen schweigend den Berghang hinauf. Oberhalb der Schafweide setzten sie sich ins Gras und warteten, worauf, hätte keiner zu sagen gewußt. Niemand sprach. Es wurde dunkel, der Halbmond gab ein blasses Licht, in dem Bäume und Felsen schwarz und schemenhaft zu erkennen waren.

Plötzlich hielten alle drei den Atem an: Ein auf- und abschwellendes Heulen klang durch die Nacht. Diesmal hatte Jonas keine Angst. Sie faßten sich an den Händen und lauschten.

Als das Geheul verstummt war, warf Tina den Kopf in den Nacken und heulte zurück. Dann sagte sie leise: »Sie sind noch da.«

# Die Autorin

Heike Carl wurde 1945 in Schotten (Hessen) geboren. Nach dem Studium für das Lehramt an Grund- und Hauptschulen arbeitete sie als Verlagsredakteurin für Schulbücher und war nebenberuflich als Journalistin tätig. Seit 1978 ist sie Mitarbeiterin in der Abteilung Rechtsschutz beim Deutschen Gewerkschaftsbund und lebt mit ihrer Familie in Siegburg.

Ihr 1982 geborener Sohn hat sie nach längerer Pause wieder zum Schreiben ermuntert. Es entstanden Theaterstücke und Geschichten. »Die Wölfe kehren zurück« ist nach »Bärenstarke Ferien« ihr zweites Buch im Erika Klopp Verlag.

# Die Illustratorin

Bettina Buresch, Jahrgang 1959, studierte an der Akademie der Bildenden Künste in München. Seit 1987 arbeitet sie als freiberufliche Illustratorin und gestaltet vor allem Kinderbücher und naturwissenschaftliche Bücher. Für den Erika Klopp Verlag hat sie bereits mehrere Bücher illustriert, darunter das Umweltbuch »Bärenstarke Ferien« von Heike Carl.

# mensch, Wolf!

Die ersten Wölfe sind wieder nach Brandenburg zurückgekehrt, das stimmt! Und genau wie in den Rocky Mountains finden sie auch in Deutschland viele Freunde, die sich für ihren Schutz einsetzen. Aber in anderen Ländern Europas geht es den Wölfen immer noch schlecht und wenn wir ihnen nicht helfen, gibt es bald keine Lebensräume mehr, aus denen sie zu uns wandern könnten. Die Wildbiologische Gesellschaft München e. V. und die Stiftung Europäisches Naturerbe wollen dafür sorgen, daß Schafzüchter Ausgleichszahlungen für gerissene Schafe erhalten, helfen Wolfsfreunden bei der Durchführung von Veranstaltungen und betreiben Forschung, damit Wölfe noch besser geschützt werden können.

Willst Du uns dabei helfen?

Informationen über die Arbeit der Wildbiologischen Gesellschaft München e. V. erhältst Du bei der

Stiftung Europäisches Naturerbe
Göttinger Straße 19
78315 Radolfzell

**Wildbiologische
Gesellschaft München e.V.**